— 名校青春国学课 —

《古文观止》精读

先秦卷

王来宁　编著

广州新华出版发行集团
广州出版社

图书在版编目（CIP）数据

名校青春国学课.《古文观止》精读.先秦卷 / 王来宁编著. —广州：广州出版社，2022.11
　ISBN 978-7-5462-3481-6

　Ⅰ.①名… Ⅱ.①王… Ⅲ.①文言文—阅读教学—高中—教学参考资料 Ⅳ.① G634.333

中国版本图书馆CIP数据核字（2022）第137778号

书　　名	名校青春国学课：《古文观止》精读（先秦卷） Mingxiao Qingchun Guoxueke：Guwen Guanzhi Jingdu（Xianqinjuan）
编　　著	王来宁
出版发行	广州出版社 （地址：广州市天河区天润路87号广建大厦9、10楼 邮政编码：510635　网址：www.gzcbs.com.cn）
策划编辑	何　旻
责任编辑	司丽丽　何　旻
责任校对	王俊婕
印刷单位	三河市祥达印刷包装有限公司 （地址：三河市杨庄镇杨庄村　邮政编码：065200）
规　　格	710 mm × 1000 mm
开　　本	1/16
印　　张	17
字　　数	222千
版　　次	2022年11月第1版
印　　次	2022年11月第1次
书　　号	ISBN 978-7-5462-3481-6
定　　价	68.00元

发行专线：（020）38903520　38903521
如发现印装质量问题，影响阅读，请与承印厂联系调换

让文化在心里活下去

清朝有两个选本至今流传,一是孙洙(号蘅塘退士)编选的《唐诗三百首》,另一个就是吴楚材、吴调侯叔侄编选的《古文观止》。两书之后,古诗文的编选种类繁多,但这两个选本仍然流行,直至今日。

这不是无缘无故的。就说《古文观止》,它的选文就与后来许多选文不一样,如《公羊传》《谷梁传》的文字,就笔者所知,近现代以来的选家很少垂顾。理由可能是文学性不强。其实,读古文也不全在文学。借助选文,了解古代的各种典籍,也是不错的事。仅就此而言,《古文观止》也是自有特点的。除了选文面广之外,就是选文通大路。《古文观止》中,韩愈、柳宗元和苏轼的文章最多。唐宋古文是古代文章的精华,韩、柳、苏文是代表。这样选文,确保了此书传之久远。"古文"也包括一些有韵的文章,如陶渊明的《归去来兮辞》、杜牧的《阿房宫赋》等,格调高、文辞美,此书不但选了,还有不少好的评点。

评点方面,两位选家也是多方面吸收,因此,不少评点蛮精彩的。记得当初读这本书,第一篇就是《郑伯克段于鄢》,吴楚材、吴调侯作的评点里说,郑庄公"处心积虑"。在当时,这四个字使我这中学生心里犯疑惑,疑惑存了好多年,才搞明白。年纪小,读书少,一时难以吸收。这些内容就需要明白人来讲讲了。

古文是我们文化里最尊贵的部分,不是读了就懂了,更不是用功了就记住了。我们要把古文读到心里去，入心了，才是真明白了；共鸣了，才是传承了。"少习若天成"，据说是孔子讲的。古文，作为古代文化的精华，要早点让孩子们接触、掌握，最好是烂熟于心。不管将来做什么，一点文学、文化的底子，还是应该有的。与人交往，有时也需要一点文雅。这还在其次，优美的文字入心，可以让人的趣味高一点。趣味不高，生活就会沉闷。

王来宁老师的《〈古文观止〉精读》，以她任教的北京大学附属中学的高中选修课课堂讲授为背景，凝结了教学过程中师生的共同智慧。这是一本写给中学生以及所有热爱古文的朋友们的书。笔者与王老师是多年的朋友，她虽然教中学，却好学深思，能启发人，是一位能与学生打成一片的好老师。因为知道她讲古文能避免概念化、僵化的做法，能试着用现代的思维去触碰古代的灵魂，让古老的人物和智慧亲切地"复活"，从而与今人形成心灵的共鸣。所以，笔者在2018年特别邀请她在笔者所主持的"桃李国学苑千聊课堂"开讲《古文观止》。王老师的讲授形象生动，趣味横生。这本书就是以这次讲座的讲稿为基础整理而成的。逐篇"细读"，逐字逐句解释文义和文法，对中学生爱上古文，一定会起到促进的作用。

李　山
2022年11月5日

第一部

目录

悲催的原生家庭改变了历史
　　——《左传·郑伯克段于鄢》　　001

肉食者都是废物
　　——《左传·曹刿论战》　　017

绵上的清冷月色
　　——《左传·介之推不言禄》　　030

三寸之舌，强于百万之师
　　——《左传·烛之武退秦师》　　041

大战前的哭声
　　——《左传·蹇叔哭师》　　055

少年清澈的心眼
　　——《左传·王孙满对楚子》　　065

子产死后，孔子为什么哭？
　　——《左传·子产论政宽猛》　　076

你怎能阻止一条河
　　——《国语·召公谏厉王止谤》　　088

我来告诉你，人为什么要劳动
　　——《国语·敬姜论劳逸》　　101

恭喜你穷得叮当响
　　——《国语·叔向贺贫》　　114

他的佩玉叮当作响
　　——《国语·王孙圉论楚宝》　　126

来自蛮夷的圣贤
　　——《公羊传·吴子使札来聘》　　137

曾子的席子
　　——《礼记·曾子易箦》　　149

英雄欺人，大率如此
　　——《礼记·公子重耳对秦客》　　159

战国策士的光辉榜样
　　——《战国策·苏秦始将连横说秦》　　169

交浅何以言深
　　——《战国策·范雎说秦王》　　184

冯谖是个好员工
　　——《战国策·冯谖客孟尝君》　　200

父母之爱子，则为之计深远
　　——《战国策·触詟说赵太后》　　217

战国第一人
　　——《战国策·鲁仲连义不帝秦》　　232

你无法叫醒一个装睡的人
　　——《左传·宫之奇谏假道》　　253

悲催的原生家庭改变了历史

《左传·郑伯克段于鄢》

《郑伯克段于鄢》选自《左传》,《左传》相传是由春秋末年鲁国史官左丘明为孔子所写的《春秋》做注解的一部史书,"传"就是为经书作注释的意思。所以它沿用了《春秋》这部经书的编年体体例,但叙事更加完备。

我们首先来了解一下从《春秋》到《左传》的过程。

《春秋》到《左传》

首先,孔子著的《春秋》是怎样的一本书呢?

鲁哀公十一年(公元前484年),漂泊十四年之久的孔子终于回到故乡,他有感于周道衰微、壮志难酬,于是以时间为顺序,记载了上起鲁隐公元年,下迄鲁哀公十四年(公元前722—前481年)的史事,这部历史著作就是《春秋》。《春秋》是中国最早的编年体史书。所谓编年体,就是按照年、月、日的顺序,把各国纷乱的史事梳理开来,一件一件地挂在时间这个钩子上。

后世就用这部书的名称命名了那个时代:《春秋》从开头到最后一句话,写了近二百五十年的历史,这段历史我们就称为"春秋"时代。

修史本来是天子之事,孔子却偏偏要代天子而为。他为什么这么做?因为春秋时代太乱了。

有多乱?史书上说:这二百五十年间,弑君三十六,亡国五十二,诸侯奔走、不得保其社稷者,不可胜数。对这段历史,孔子俯仰古今,毫不留

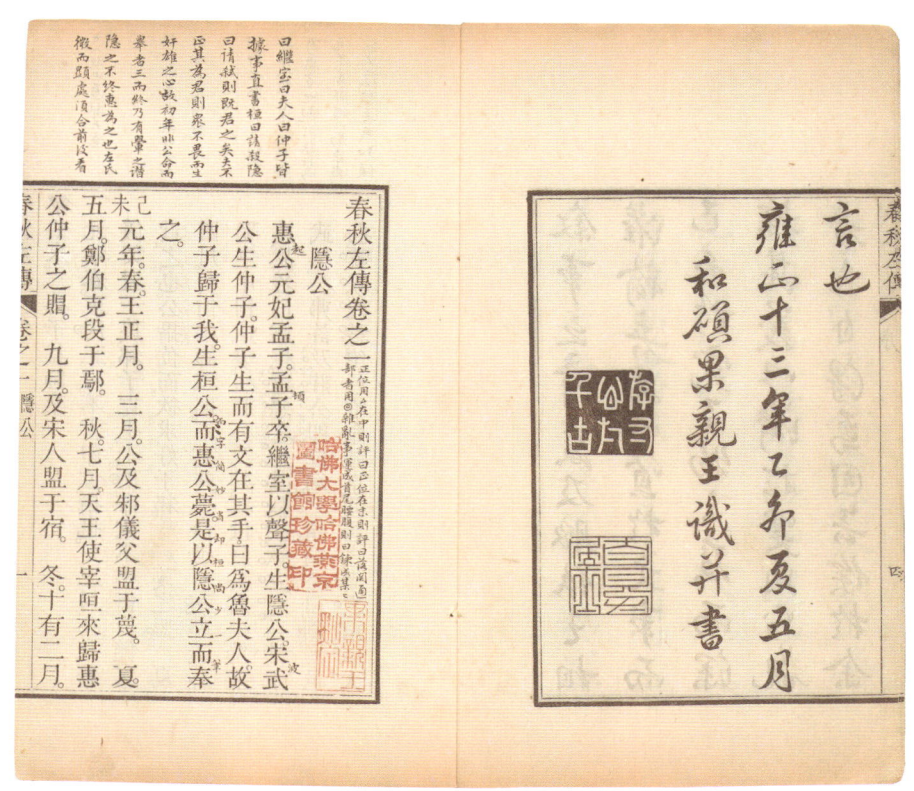

《春秋左传》书影

情,笔则笔,削则削,寓褒贬于直叙之中,后人评说这部书"一字之褒,荣于华衮,一字之贬,严于斧钺"(《幼学琼林》)。在那个动乱的年代,必须有人指出什么是正确、什么是错误,什么是荣耀、什么是罪恶。即使贵为国君,衮衮华服、赫赫威仪也难以掩饰其道德的虚伪和矮化;世俗之人逐利而行,但在利益之上,应该还有真理的光芒。

所以,孔子写《春秋》绝对是有目的的,他的九曲回肠,委实令人叹为观止。但《春秋》微言大义,极简古奥,多一字嫌繁,少一字觉阙。要读懂《春秋》,着实不容易。王安石嘲讽《春秋》为"断烂朝报",梁启超揶揄《春秋》为"流水账簿",虽不免有些刻薄,却也不无道理。

为弥补《春秋》这一缺憾，战国时，诠释《春秋》之作相继出现。后来流传下来的有《左氏传》《公羊传》和《谷梁传》，合称"春秋三传"。其中《左氏传》流传最广。

如果说《春秋》是粗笔勾勒，那么《左传》便是工笔细描，重在补充史料、详述史实。这部书善于叙事，讲究谋篇布局，章法严谨，是非常重要的历史著作。

《左传》中的第一篇

这篇文章的题目"郑伯克段于鄢"就是《春秋》中的经文。换句话说，开启了"春秋"时代的历史事件，就被孔子浓缩在这6个字里。

"郑伯"指郑庄公，庄公的爷爷郑桓公是周宣王的庶弟，被封到现在的河南新郑，"伯"是指郑的封号是"伯爵"。周代有公、侯、伯、子、男五种爵位、爵号，这是对贵戚功臣的封赐。

"段"是郑庄公的同胞弟弟。

这句话是《春秋》的记载，意思是"在郑国的法定附属国鄢这个地方，郑伯打败了他的同胞弟弟段"。这个说法是不是有点奇奇怪怪？当然它的确记载了历史事实，可又令人感觉历史还不止于此，所以我们有必要来读一读《左传》中的"传"。这个故事我们拆成几节来讲：

 你的母亲可能是真的不爱你

初⁽¹⁾，郑武公娶于申，曰武姜⁽²⁾，生庄公及共叔段⁽³⁾。庄公寤生⁽⁴⁾，惊姜氏，故名曰寤生，遂恶之。爱共叔段，欲立之，亟⁽⁵⁾请于武公。公弗许。

注释 ZHUSHI

（1）初：当初，补述背景。

（2）申：姜姓国。武姜者，姓姜而丈夫谥号为武，所以称"武姜"。

（3）共：国名。段出奔共，故曰共叔。

（4）寤（wù）生：逆生、难产。

（5）亟（qì）：屡次。庄公蓄怨非一日矣。

初，郑武公娶于申，曰武姜，生庄公及共叔段。郑国的国君郑武公，从申国娶了个太太叫武姜。"武姜"中的"姜"字是她娘家的姓，"武"是她丈夫的谥号。实际上"武姜"这个名字是她死了之后才有的。武姜生了两个儿子，老大就是后来的郑庄公，老二就是共叔段。段被郑庄公打败后出逃到共，所以也叫他共叔段。

庄公寤生，惊姜氏，故名曰寤生，遂恶之。"寤生"有两种解释，一种解释是逆生，就是难产，惊了姜氏；一种解释是小孩子刚生出来眼睛就睁开了，吓了姜氏一跳。所以姜氏就很讨厌他，还给他起了个名字叫"寤生"。选本中注释说"遂恶之"的"遂"，"写尽妇人任性情况"。

爱共叔段，欲立之，亟请于武公。公弗许。姜氏恨大儿子，爱二儿子，怎么个"爱"法？

"亟请于武公"，"亟"就是屡次，姜氏一而再、再而三地向丈夫郑武公请求：把老大废掉，让老二继任国君吧。好在武公是个明白人：这可不行，这是搅乱国法啊，就没答应姜氏的请求。

故事继续往下发展。

02 当被歧视的孩子当上了国君

及庄公即位,为⁽¹⁾之请制。公曰:"制,岩邑也,虢⁽²⁾叔死焉。他邑唯命。⁽³⁾"请京,使居之,谓之京城大⁽⁴⁾叔。祭⁽⁵⁾仲曰:"都城过百雉⁽⁶⁾,国之害也。先王之制:大都不过参国之一;中五之一;小九之一⁽⁷⁾。今京不度,非制⁽⁸⁾也。君将不堪。⁽⁹⁾"公曰:"姜氏⁽¹⁰⁾欲之,焉辟⁽¹¹⁾害?"对曰:"姜氏何厌⁽¹²⁾之有!不如早为之所⁽¹³⁾,无使滋蔓,蔓难图也。⁽¹⁴⁾蔓草犹不可除,况君之宠弟乎!"公曰:"多行不义必自毙,子姑待之。⁽¹⁵⁾"

注释 ZHUSHI

(1)为:替,给。

(2)虢:国名。

(3)此有两说:一说言制乃岩险之邑,昔虢叔居此,恃险灭亡,他邑则惟命是听。此似为爱段之言,实恐段居制邑,太险难除。使段居他邑,虽大不险,适可以养其骄而灭除之。一说虢叔恃制岩险而不修德,郑灭之。恐段复然,故开以他邑。

(4)大:读作"太"。"京城大叔",言宠异于众臣,张大其名以张大其心也。

(5)祭(zhài):祭仲,郑大夫。

(6)百雉:城方丈曰堵,三堵曰雉。一雉之墙,长三丈,高一丈。侯伯之城,方五里,径三百雉,故其大都不得过百雉。

(7)参:三也。大都,三分其国之一,不过百雉;中都,五分其国之一;小都,九分其国之一。

(8)非制:不合法度,非先王制。

（9）君将不堪：清段玉裁《说文解字注》："堪言地高处无不胜任也。引申之，凡胜任皆曰堪。"此句言叔段据有大邑，将为郑害，庄公必不堪也。

（10）此句中直称母"姜氏"而故作无可奈何语。

（11）辟：同"避"。

（12）厌：足。清段玉裁《说文解字注》："伏合人心曰厌。"

（13）为之所：使得其所宜。

（14）此句以草作喻。草之滋长引蔓，则难可芟除，比喻段之威势稍大，难可图谋。

（15）多行不义必自毙，子姑待之：毙，败也。后文"待之"云者，唯恐其不行不义，而欲待其行也。庄公之心愈毒矣。

及庄公即位，为之请制。庄公即位了，老妈来了，给二儿子要一块险要的封地。"制"，这个地方还有一个名字"虎牢"。《三国演义》里"虎牢关三英战吕布"中的虎牢就是指这个地方。这个妈妈真是一心为二儿子着想。庄公拒绝了，说，**制，岩邑也**，制这个地方太险要了，**虢叔死焉**。**他邑唯命**。当年虢叔就是在那据险叛乱，被我爸给灭了，这地儿不吉利，敏感，您换个地儿吧。妈妈武姜想了想，**请京**。那就京吧，"京"是现在的河南荥阳，非常富裕。庄公答应了，**使居之，谓之京城大叔**。把弟弟封到了"京"，于是大家就叫段弟弟为"京城大（太）叔"。

这个老二，被老妈从小惯到大，有老妈在背后撑腰，所以到了"京"一点不本分，把自己的城盖得很大。当时的执政大臣祭仲看不过去了，来跟国君吐槽说，**都城过百雉，国之害也**。城墙高一丈、长三丈为一雉，百雉就是城周三百丈。"都"与"国"对举，国指国都，都指其他城市。**先王之制：大都不过参国之一；中五之一；小九之一**。按照礼制来说，大城不超过国都的三分之一，中等五分之一，小城九分之一，今京不度，非制也。君将不堪。可是京城大（太）叔却把城建得和国都一样大，这超标了，超过等级了呀，这怎么能接受呢！可庄公却说："姜氏欲之，焉辟害？"我母亲这样做，我有什么办法呢？

读到这，是不是觉得庄公太窝囊了？我想，大臣们当时也是这么想的。所以下面祭仲说话就很冲了，姜氏何厌之有！姜氏哪里会有满足的时候！我们都能想象出他一股火顶脑门的样子！不如早为之所，无使滋蔓，蔓难图也。我看不如早点为大（太）叔做出安排，以免这个祸根滋生蔓延。一旦蔓延起来，可就难对付了。蔓草犹不可除，况君之宠弟乎！蔓草尚且难以除掉，何况您那受宠的弟弟呢！庄公摇了摇头，说："多行不义必自毙，子姑待之。"坏事做多了，必然自取灭亡。您且等着瞧吧！

这个"多行不义必自毙"，很耐琢磨，可见这个庄公可不是什么窝囊的软柿子，史学家在评论这段历史的时候，用了四个字：处心积虑。我就让你发展，什么时候你明火执仗了，我再灭你。要知道，庄公即位时才十三四岁，说这话的时候也就是高中生的年纪，这种城府、这份阴狠，让人心底生寒。尤其是"子姑待之"，待什么？待其恶之成，待我绝地反击绞杀之。

《古文观止》选本的批注说："庄公之心愈毒矣，而祭仲终未知之也。"真是把历史读活了。

接下来怎样呢？

既而大叔命西鄙、北鄙贰[16]于己。公子吕曰："国不堪贰[17]，君将若之何？欲与大叔，臣请事之；若弗与，则请除之，无生民心。[18]"公曰："无庸，将自及[19]。"大叔又收贰以为己邑，至于廪延[20]。子封曰："可矣，厚[21]将得众。"公曰："不义不昵，厚将崩[22]。"

注释 ZHUSHI

（16）鄙：边邑；贰：两属。

（17）此有两说：一说"国不堪贰"乃因两属，则赋役倍，赋役倍，则国人不堪。一说"国不堪贰"乃国不堪使人有携贰、两属之心之意。

（18）公子吕此言，意思是大（太）叔久不除，则举国之民当生他心。

（19）此句意思是：无用除之，祸将自及，一说将自及于祸。

（20）廪延：郑邑。前两属者，今皆取以为己邑。"至于廪延"，言侵多也。

（21）厚：谓土地广大。

（22）昵：亲昵。不义于君，不亲于兄，虽厚必崩。厚将崩，以墙屋喻也。厚而无基必自崩，喻众所不附必自败。

既而大叔命西鄙、北鄙贰于己。大（太）叔又命令西部和北部边境地区表面上属于庄公，而实际却归自己管辖。让这些地方的百姓打两份工、交两份赋税，这还了得？

公子吕，就是后面的子封，实在坐不住了，"国不堪贰，君将若之何？"国家无法承受这种两属的情况，您究竟打算怎么处理这个局面？"欲与大叔，臣请事之；若弗与，则请除之，无生民心。"若是想把君位让给大（太）叔，就请允许我去侍奉他吧，若是不想交给他，那就请您赶紧除掉他，不要让百姓产生疑心。这话说得不客气，可是庄公一派淡定，"无庸，将自及。"不用，这小子将会自己达到。不用什么？自及什么？还不到秋后呢，现在不忙动手，他自己在作死的路上一路狂奔，一定会死的。

大叔又收贰以为己邑，至于廪延。果然，段弟弟又进一步把两属的地方公开划归自己所有，一直扩展到廪延一带。前面还是"贰"呢，这里直接是

"收"了。子封曰:"可矣,厚将得众。"公曰:"不义不昵,厚将崩。"子封,就是之前的公子吕,又沉不住气了:"现在该动手了。土地扩大他就能控制更多的人力。"庄公还是摆摆手,小吕啊别担心,"不义不昵",段对国君不尽义,对兄长不亲昵,所以"厚将崩",土地越多,崩溃得越彻底。

你看庄公谈论弟弟的用词:"必自毙""将自及""将崩",其中透出的阴狠,时隔两千五百年,仍让人不寒而栗。这就是一个在母亲的歧视中长大的孩子心里的绝望和黑暗吧。

养其恶而待其成

大叔完聚⁽¹⁾,缮⁽²⁾甲兵,具卒乘⁽³⁾,将袭⁽⁴⁾郑,夫人将启⁽⁵⁾之。公闻其期⁽⁶⁾,曰:"可矣!⁽⁷⁾"命子封帅⁽⁸⁾车二百乘以伐京。京叛大叔段。段入于鄢⁽⁹⁾。公伐诸鄢。五月辛丑,大叔出奔共。

注释 ZHUSHI

(1)完聚:完城郭,聚人民。

(2)缮:整治。

(3)卒乘:步曰卒,车曰乘。古者兵车一乘,甲士三人,步卒七十二人。

(4)袭:掩其不备曰"袭"。

(5)夫人:武姜。启:打开(城门),言欲为内应。

(6)此句意为庄公闻其袭郑之期。

(7)可矣:二字,写尽庄公计划得逞的口吻,郑庄公蓄怨一生,到此尽然发露。

(8)帅:率领。

(9)鄢:郑邑名。既命子封伐诸京,公又自伐诸鄢。两路夹攻，期在必杀。

大叔完聚，缮甲兵，具卒乘，将袭郑。夫人将启之。段弟弟想轻行袭郑，而不是固守城池，所以重点应在"聚人"。话说他就真的这么干了：整治装备和武器、征调士卒和战车，就要偷袭郑国国都了。他的底气还是来自他妈：**夫人将启之**，姜氏早就准备好了，为其开城门做内应。

公闻其期，曰："可矣！" 可是，这不是"偷袭"吗？怎么庄公就知道了他们约定的日期？可见庄公从来就没有放松过对母亲和弟弟的监视。**"可矣！"** 可以了！这里面的意思太多了：我终于等到这一天了！我要的就是这个效果！母子之间的积怨、兄弟之间的矛盾，都在这两个字中了。

命子封帅车二百乘以伐京。于是庄公命令公子吕统率二百辆战车去攻打京。**京叛大叔段。段入于鄢。公伐诸鄢。**京城人背叛了大（太）叔，大（太）叔段只好逃到鄢这个地方。郑伯又亲率军队攻打鄢。**五月辛丑，大叔出奔共。** 五月辛丑这一天，大（太）叔段就逃出郑国，投奔到共国去了。仗打得毫无悬念的顺利，"京城大（太）叔"从此逃往国外，成了灰溜溜的"共叔段"。

什么是"一字寓褒贬"

书曰："郑伯克段于鄢。"[1] 段不弟，故不言弟。如二君，故曰克。称郑伯，讥失教也，谓之郑志[2]。不言出奔，难（nàn）之也。

（1）这是《春秋》经文，其下文为释经文字。
（2）郑志：郑伯杀弟的意图。志：意图。

从这里开始解释《春秋》经上写"郑伯克段于鄢"的深意。

一方面段不弟，故不言弟。第一个"弟"是通假字"悌"，即履行为弟之道。段的表现根本不像一个弟弟，不讲孝悌之道，所以不称"弟"；另一方面，如二君，故曰克。兄弟俩这一仗如同两国的国君在交战，所以用了"克"字。

称郑伯，讥失教也，在这里很郑重其事地称庄公为"郑伯"，其实是讥讽他对弟弟不加管教，同样也不像一个哥哥。特别是"谓之郑志"这句话，郑庄公的"志"是什么？志在杀段。

所以"不言出奔，难之也"，为什么没有记载说段出奔于共呢？因为郑伯志杀弟。

总之，《春秋》这样写，显示的是孔子对庄公的责备。

你看，《春秋》中每一个字都是充满了深意的，这就是"一字寓褒贬"的"春秋笔法"。我小时候看《三国演义》总说"关羽夜读《春秋》"，自己也找来看，结果大失所望，就这破书还看得津津有味，关羽可真能装！读了《左传》才知道，《春秋》太有深意了，难怪孟子说，"孔子作《春秋》，乱臣贼子惧"。

 和母亲和解，其实也是和自己和解

遂寘姜氏于城颍⁽¹⁾，而誓之曰："不及黄泉，无相见也⁽²⁾！"既而悔之。颍考叔为颍谷封人⁽³⁾，闻之⁽⁴⁾，有献⁽⁵⁾于公。公赐之食。食舍肉。公问之，对曰："小人有母，皆尝小人之食矣，未尝君之羹，请以遗⁽⁶⁾之。"公曰："尔有母遗，繄我独无！⁽⁷⁾"颍考叔曰："敢问何谓也？"公语之故，且告之悔。对曰："君何患焉！若阙（jué）地及泉，隧而相见，其谁曰不然？⁽⁸⁾"公从之。公入而赋："大隧之中，其乐（luò）也融融⁽⁹⁾。"姜出而赋："大隧之外，其乐也泄泄⁽¹⁰⁾。"遂为母子如初。

注释 ZHUSHI

（1）寘：同"置"，弃也。城颍：郑地名。

（2）黄泉：地中之泉。立誓永不见母，将前日恶己爱段之忿，一并发泄。

（3）封人：职典封疆的人，居在边邑。颍谷：国之边邑也。

（4）之：其悔也。

（5）献：进献，或献谋，或献物。

（6）遗（wèi）：赠给，这里是留给的意思。

（7）繄（yī）：语助词。此言"繄我独无"，哀哀之音，宛然孺子失乳而啼，非复前日含毒恶声。

（8）隧：地道。掘地使及黄泉，为地道以见母，便是相见于黄泉，这样就不为背誓。

（9）赋：赋诗。融融：和乐的样子。

（10）泄（yì）泄：舒散的样子。

处置了弟弟，那母亲怎么办？

遂寘姜氏于城颍，庄公就把姜氏安置在边远的城颍，并对她发誓说："不及黄泉，无相见也。""不到黄泉之下，绝不再见面了。"两位吴老师的原文注释是："立誓永不见母，将前日恶己爱段之忿一总发泄。"行文至此，我们看到，无论对弟弟还是对母亲，庄公通篇都是杀气。

既而悔之，可是不久，庄公就后悔了。在这里追问"为什么呢"其实是无法回答的，所以我们换一个理解的方向：庄公后悔，从中可以看出人性中真情萌动，可以看出他虽然被亲人伤害、背叛，心中充满了黑暗和怨毒，但是还没有完全在仇恨和杀意中沉沦。

幸而后来有个大臣颍考叔出来圆场，颍考叔为颍谷封人，闻之，有献于公，颍考叔是颍谷掌管疆界事务的官，听说此事以后，就借着贡献礼物的时机来见庄公。公赐之食，食舍肉。庄公赐给他食物，颍考叔吃的时候，特意把肉挑出来放在一边。庄公奇怪，便问他为什么，颍考叔便说，小人有母，皆尝小人之食矣，未尝君之羹，我家里有老母，总是吃我吃的食物，还从来没吃过您吃的东西，请以遗之。请允许我把这些食物带给她吃吧。

这种发自天性的真情太让人感慨了，庄公不由得产生了共鸣。公曰："尔有母遗，繄我独无！"你有母亲可以孝敬，我却偏偏没有啊！这话说得让人心酸，其实庄公心里一直渴望着母亲的爱，选者注释是"哀哀之音，宛然孺子失乳而啼"。

于是颍考叔给他出了个主意：君何患焉？您何必在这件事上发愁呢！若阙地及泉，隧而相见，其谁曰不然？如果挖地直到泉水，然后地道里相见，又有谁能说不是在黄泉下相见的呢？这个主意太棒了，也太及时了。公从之。就这么办。

公入而赋："大隧之中，其乐也融融。"姜出而赋："大隧之外，其乐也泄泄。"母子二人就在地道里相会，庄公赋诗说："我们在地道里面相会啊，是多么快乐！"姜氏也赋诗说："我们在地道外面相聚啊，是多么舒畅！"

遂为母子如初。之前一路的刻毒惨伤，多年的恨意，终于烟消云散，都在"其乐融融""其乐泄泄"中如冰雪消融了。这一场母子的和解，令人感慨。这场和解之路，走得艰辛，但所幸终于守得云开见月明。

"仁者爱人，亲亲为大。"

君子曰⁽¹⁾："颍考叔，纯⁽²⁾孝也。爱其母，施⁽³⁾及庄公。《诗》曰：'孝子不匮⁽⁴⁾，永锡尔类。'其是之谓乎！"

（1）这里左氏设君子之言以为论断也。

（2）纯：纯正。此处有笃厚之意。

（3）施（yì）：扩展。

（4）匮：亏缺。

君子曰：这是作者对所记历史事件的评论意见。颖考叔，纯孝也，爱其母，施及庄公。颖考叔的孝行真纯正呀！他不仅敬爱自己的母亲，而且还影响到庄公，这是后世说的"纯孝纯臣者"，是说他们"大孝大忠"。

《诗》曰：'孝子不匮，永锡尔类。'《诗经·大雅·既醉》上说："孝子行孝道，没有亏缺，上天就永远赐给你们福禄。"其是之谓乎！大概说的就是这种情况吧！

老实说，《郑伯克段于鄢》结尾的评论有些令人怀疑。"郑伯克段于鄢"的故事本身，难道不是恰恰说出了存在于我们现实中，但我们却从来不敢正视的部分吗？家庭关系之中，虚伪的、表面的和平底下，每个人都有自私与不堪，也都有委屈和怨愤。可是《左传》却又评断为"大忠大孝"，这怎么可信呢？

我想试着理解一下。

首先从儒家思想层面来说。

儒家坚信人性向善，性善的基石是什么？是情感，是每个人与生俱来的同情心。"恻隐之心，仁之端也。"置身于"春秋无义战"的孔孟，不可能天真到对"恶"视而不见。相反，他

悲催的原生家庭改变了历史　　015

们对"恶"的了解比我们深且广,从"恶"出发展开他们的说教应该更容易,而他们知难而上,选择了从"善"出发。

他们为性善奠基,一方面是因为他们对人性有信心,另一方面是因为他们怀抱的是"治国平天下"的雄心,不管在弘扬"善"的实践中遭遇多少困顿,他们都在立论中决绝地选择了人性向善。

无论如何,道德是人类最后的专利。

其次,我们从个人成长来谈。

其实,没有一个原生家庭是完美的,所以我们成长中很重要的一环就是达成和解和自我疗愈。一个和母亲关系紧张的朋友分享过他的经验:

"当我发自内心,全然接受我的母亲'就是这样',而且,当我放弃'我的母亲有一天会改变'这样的想法时,我'松'了,自然不会被她惹毛。

不是母亲变了,是我变了。

这,就是我的自我疗愈。"

郑庄公其实很幸运,他的母亲姜氏没有在那场战乱中死去,命运给了他时间,时间给了他机会,让他可以慢慢消去心中的阴毒,弥补了那个巨大的黑洞。

肉食者都是废物

《左传·曹刿论战》

三足鼎立与三人纠葛

《曹刿论战》选自《左传·庄公十年》,描述的是齐国和鲁国之间的"长勺之战"。

齐、鲁都属于今天的山东,但是,山东人和山东人不一样哦,打起仗来一样是火花四射的!这一仗怎么打起来的呢?我们先来了解文章背景吧。

首先,春秋时代的山东是"三足鼎立"的。

本文的两大主角:齐国是个大国,鲁国是个中等国,齐在北,鲁在南。齐大鲁小,齐强鲁弱。在齐鲁两国之间,靠近黄海,还有一个小国叫莒国。

接着,我们来聚焦一下齐国王室的"三人纠葛"。

齐国有个非常奇葩的国君叫齐襄公,和妹妹文姜乱伦私通,谋害妹夫鲁国国君鲁桓公,荒淫无道。他的两个弟弟逃到国外避难,公子小白逃到莒国,公子纠逃到鲁国。

到了鲁庄公八年、九年,齐国更乱了:齐僖公的侄子公孙无知杀死了齐襄公,大夫雍廪又杀死了公孙无知,国内无君。这时鲁国派兵护送公子纠,莒国也派兵护送公子小白赶回齐国去继任,国君之位"先到先得"。结果是小白抢先回到齐国,做了国君,他就是齐桓公(春秋五霸之长)。小白不笨也不软,立即出兵打败鲁军,并迫使鲁国杀死同他争夺君位的公子纠。

这事儿当然还没完!

小白坐稳了国君之位,而且得到了齐国第一能人管仲的辅佐,他胸怀大志,齐国国力日强,但他的脾气也越来越大,他想起鲁国以前支持公子纠复国的宿怨,越来越不能忍!于是,在即位的第二年、鲁庄公十年(公元前684年)春天,齐桓公自恃实力强大,不顾管仲的谏阻,决定兴师伐鲁,进行报复,企图一举征服鲁国,向外扩张齐国的势力。

这就是"长勺之战"的背景。对很多人来说,《曹刿论战》并不陌生,中学里已经学过啦!不过,今天我们试着再深入一下,看看能否探讨出一些新鲜的认识。

01 他来自草根

十年春,齐师伐我。公将战。曹刿⁽¹⁾**请见**⁽²⁾**。**

(1)曹刿(guì):有人认为此人即《史记·刺客列传》中的曹沫。
(2)见(xiàn):显露,出现。

十年春,鲁庄公十年(公元前684年)的春天,**齐师伐我**。齐师即齐国的军队,为什么是伐"我"?这里用的是鲁国史官的口气。**曹刿请见**。曹刿,鲁国人,他请求(在战前会议上)出现,也就是拜见鲁庄公,并且参加高层的军事会议。

其乡人曰:"肉食者谋之,又何间焉⁽³⁾**?"刿曰:"肉食者鄙,未能远谋。**⁽⁴⁾**"遂入见。**

（3）肉食者：在位有禄者。间（jiàn）：参与。

（4）鄙：鄙陋，其所谋未能远大。

在曹刿"请见"之前，他的乡人劝他。"**乡人**"，同一个乡的人。乡是古代的一种行政单位，从这里可以看出，曹刿并不是贵族，甚至可能连"国人"都算不上，而只是一介平民，也就是今天所谓的"草根阶层"。

乡人们劝他什么呢？是的，齐国大兵压境要打仗了，可是跟你有什么关系呢？**肉食者谋之，又何间焉？**有权位的人会去谋划的，你又何必参与呢？肉食者，指平时就能"食有肉"的人，即有地位、食俸禄的人。在那个时代，平民贱民是不能吃肉的，《孟子》讨论理想社会时说："五亩之宅，树之以桑，五十者可以衣帛。鸡豚狗彘之畜，无失其时，七十者可以食肉。"在幸福理想的社会里，七十岁的百姓可以吃肉，那个时候能活到七十真心不容易，由此可见，"肉食者"绝对是贵族中的顶层了。所以"乡人"们就说，战争来了，他们自当谋划，**又何间焉**，你这个"乡人"瞎掺和什么。

大家不觉得"乡人"太不负责任了吗？说好的爱国主义呢？说好的"国家兴亡，匹夫有责"呢？

其实，在《左传》所记录的春秋时代，掌握武力的是统治阶层，当兵是一种权力，有资格参与战争的只有贵族和"国人"，即有身份地位的人。他们也不可能轻易地把军事的技术和战争的权力下放的，否则被统治者学会作战，那他们会不会起来造反？

所以平民、野人、奴隶是没有资格参与战争——这一具有荣誉性质的活动的。曹刿的乡人说"肉食者谋之，又何间焉"，其实是当时平民、野人无资格参与军事活动的真实写照。天下是天子的、诸侯国是诸侯的，当时各诸侯国的平民并不认为参与诸侯之间的战争是自己的责任或义务。即使想要参战，从身份地位上来说也是没有资格的。因此，如果有人将乡人"又何间焉"简单解读为乡人不爱国，恐怕并不符合春秋时代平民对于战争认识的实际情况。

但是曹刿不以为然，他的理由是"肉食者鄙，未能远谋"。有权位的人都很浅陋，没有深谋远虑。"鄙"，本义是边远地带，说"肉食者鄙"不是说他们道德水平低，而是指他们的见识有限、眼界窄、格局小，所谋不过就事论事只看眼前，看不到事情之间的真正因果，所谋未能远大。遂入见，他就去觐见了鲁庄公。

02 草根的"远谋"

问："何以战？"公曰："衣食所安，弗敢专⁽¹⁾也，必以分人。"对曰："小惠未遍，民弗从也⁽²⁾。"

（1）专：独享。
（2）未遍：是说鲁庄公所施恩惠未能遍及，民心不肯从上所使，未可恃以为战。

曹刿见到庄公，没有猴子献宝似的把自己的计谋和盘托出，而是问："何以战？"君主你不是要迎战吗？敌强我弱、敌大我小您是知道的，我想问的是"何以战"，就是"以何战"，您凭着什么去打这场仗呢？

鲁庄公说，衣食所安，弗敢专也，衣食等这些安定生活的东西，我不敢独自享受，一定分给别人。这真的是不容易做到的，子路对老师孔子表述自己的理想就是："愿车马衣轻裘，与朋友共，敝之而无憾。"我的宝马车、名牌服装，朋友随便用，用坏了也无所谓。相比子路的"言志"，鲁庄公更是把这一点看成了迎战的理由，言外之意是：衣食之类，我都会分给别人，那么他们应该会感念我的美德，为我而战吧。

曹刿摇摇头，小惠未遍，这些小恩小惠只可能在有限的范围内，不可能普遍施行，民弗从也。所以人民不会跟从您去作战的。注意这里出现了"民"的概念，这就意味着曹刿把平民百姓纳入并作为战争胜利的关键了。而这一点，的确并不在鲁庄公的意识之中。

公曰："牺牲玉帛，弗敢加也，必以信[3]。"对曰："小信未孚[4]，神弗福也。"

（3）牺牲玉帛：四者皆祭神之物。牺牲，祭牲也。玉，苍璧黄琮之类。帛，币也。

（4）孚（fú）：大信，使人深信不疑。

庄公想了想，继续说：牺牲玉帛，弗敢加也。这句话是说：祭祀用的牺牲玉帛这些东西，我按照定例不敢向神虚报。必以信，一直以老实的态度对待鬼神。这是鲁庄公给出的第二个迎战的理由：我对神一直那么好，神一定会保佑我的。用时髦话来说就是"天佑鲁国"啊！

曹刿摇摇头，小信未孚，这只是小信，还没有做到使神深信不疑。神弗福也，神不会来保佑您。鲁庄公和曹刿都信奉天意、神意，不过庄公以为只要用供品祭祀就可以获得保佑了，而曹刿认为这都是"小信"罢了，那真正的"大信"是什么呢？这里没明说，考察前后，《左传》告诉我们"天意自我民意""天心自我民心"。敬神并不能赢得神，敬民才能赢得天。

从这两节对谈中，可见庄公在意的、自信的，一是神意，一是有限的贵族们，而这两点在曹刿看来都是无足轻重的。事实证明也的确无足轻重。所以我们看开头的"肉食者鄙"，曹刿说他们见识浅陋，他们还真的是太局限、太浅陋了。

公曰："小大之狱，虽不能察，必以情⁽⁵⁾。"对曰："忠⁽⁶⁾之属也，可以一战。战，则请从。"

注释 ZHUSHI

（5）小大之狱：小狱，争讼也。大狱，杀伤也。情，实也。
（6）忠：忠诚，忠于职守。

终于，庄公谈到点上来了，他说，小大之狱，虽不能察，必以情。言小大之狱，虽不能明察，但必尽己之心以求其实。曹刿点点头，很好，忠之属

先秦兵车乘座方式（黄文新《先秦马车乘座方式与乘员》，《江汉考古》2007年第3期）

也，这是属于尽力为人民办事的行动，。君能尽心于民，那么民也会尽忠于君。可以凭借这一点打一仗。战则请从。打仗时请允许我跟着您。终于，庄公说到了为百姓干的实事。你看，庄公想了又想才把这一点说出来，他根本也没意识到这一点有这么重要，也再一次印证了"肉食者鄙"中的"鄙"。也证明了曹刿"能远谋"的"远谋"到底是什么。

03 几通鼓就把齐兵给敲败了？

公与之乘⁽¹⁾。战于长勺。公将鼓之⁽²⁾。刿曰："未可。"齐人三鼓。刿曰："可矣！"

（1）乘（shèng）：兵车也。

（2）鼓之：鸣鼓以进兵。

公与之乘。庄公和他同乘一辆战车，这意味着曹刿是作为战斗总指挥出现在鲁军队伍里的。当时有资格乘战车的均为贵族，贵族的基本素养"礼、乐、射、御、书、数"中的射、御就是战斗素养。而身为一介平民的曹刿，不仅登上战车，还成为指挥官，的确不同寻常。**战于长勺**。当时的战争形态是"约日而战"，约定时间、地点，随后开战。因为长勺地广人稀，这次就约在长勺开战。《齐鲁文化大辞典》载："长勺，古地名。春秋鲁地。因商遗民长勺氏居此地而得名，故址在今莱芜东北。"长勺之战遗址位于今莱芜区苗山镇枯山南。

公将鼓之。刿曰："未可。" 一开始，庄公就要擂鼓进军，曹刿说："不行。"

鼓作为军用乐器，在周代的战争中最为常见。总的来说，鼓声是战争过程中进攻的信号和象征。《荀子·议兵》说"闻鼓声而进"，《管子·兵法》里也说"鼓，所以任也，所以起也，所以进也"。鼓作为军事乐器，它在战斗中的作用是极为重要而不可或缺的。甚至可以说，当时在作战中如果没有"鼓音"激荡，是不可想象的。正是由于有重要的作用，战鼓往往被安排在中军之侧，有时甚至由中军将帅亲自击鼓。所以这里说公将鼓之。

鲁庄公的意思是想主动发起进攻，曹刿制止了他。那么当然，齐军敲响了进攻的鼓声，开始了第一次进攻。按照战场上的礼仪，鲁国应该迎战才对，但曹刿显然再次阻止了，齐军一看，也只好停住了；第二通鼓响，齐军又一次进攻，曹刿显然再次阻止了鲁军迎战，齐军又只好停住了。大家想想，一百米比赛，你都抢跑两回了，状态能不受影响吗？这就叫"一鼓作气，再而衰，三而竭"，齐人三鼓，刿曰："可矣！"可以了。

齐师败绩(3)。公将驰之(4)。刿曰："未可。"下，视其辙(5)，登轼(6)而望之，曰："可矣！"遂逐齐师。

注释 ZHUSHI

（3）败绩：大崩也。

（4）驰之：公欲驰车而逐齐兵。

（5）辙：车迹也。

（6）轼：车前横木也，是全车最高的部分。

齐师败绩。那就追呗，公将驰之。刿曰："未可。"庄公又要下令驱车追击，曹刿说："不行。"然后他做了一番上上下下的调查研究，下，视其辙。下车详细察看了齐军的车辙，并登轼而望之。察看完车辙之后，曹刿又登上车前的轼，瞭望齐军撤退的情况。曰："可矣！"遂逐齐师。鲁军于是追击齐军。

宋代文学家苏洵两个著名的儿子就叫苏轼、苏辙。老苏专门为他儿子写过一篇《名二子说》，文章里说，轼，只是车前用作搭手的横木，没有它，车子虽然卖相会难看一点，但毕竟不碍功用。苏东坡生性旷达，其父告诫他要像"轼"那样放低身段，而不要自以为是、锋芒毕露。同时，天下的车莫不循辙而行，虽然论功劳，车辙是没份的，但如果车翻马毙，也怪不到辙的头上。苏洵的小儿子性格平和，他为其取名"辙"，觉得这样很好，可以免祸。

回到战场上来，这一仗齐军败得很惨，话说齐军其实一直有擅长逃跑的优良传统。齐国很富有，齐国文化很发达，齐国人很浪漫，但齐国人打仗也是真不怎么样。

用《荀子·议兵篇》里的话说，他们当起逃兵来"若飞鸟然"，荀子还给齐国的军队定了个性，叫"亡国之兵"——这样的军队，只能导致国家灭亡。

有个很有名的故事：孙膑庞涓斗智的事儿。孙膑用减灶之计，就是每次埋锅造饭，都少埋一点，表示我的军队里好多人当了逃兵，我的人越来越少了。如果是其他国家使这条计，庞涓还真未必中计，可能会想："这秦军以能耐苦战出名啊，怎么会有这么多人当逃兵？他不是想阴我吧？"但是，齐国人用这条计太合适了，庞涓说了句"吾固知齐军怯"，我一向就知道齐国人是很胆小的，然后他就上当被射死了。

齐国最有名气的管仲，也是一个著名的逃兵，曾经"三战三走"，一打仗就逃跑，于是有人就去跟他的好朋友鲍叔牙说，你那朋友，就那管仲，人品不怎么样。结果鲍叔牙还为他辩护，说管仲有老母在堂嘛，逃跑也是应该的嘛。管仲听到这话很感动，就说了句名言："生我者父母，知我者鲍子也。"

秦末大乱、楚汉相争的时候，章邯带着秦兵，打到齐国，把齐国人打得抱头鼠窜；项羽带着楚兵，打到齐国，把齐国人打得抱头鼠窜；韩信带着汉兵，打到齐国，把齐国人打得抱头鼠窜。

04 "兵家"的谋略

既克，公问其故⁽¹⁾。对曰："夫战，勇气也。一鼓作气，再而衰，三而竭⁽²⁾。彼竭我盈，故克之。夫大国，难测也，惧有伏焉。吾视其辙乱，望其旗靡⁽³⁾，故逐之。"

注释 ZHUSHI

（1）此句意为公问曹刿不鼓及下视登望之故。
（2）竭：这里指士气没有了。
（3）靡：倒下。

总之，庄公十年的齐鲁长勺之战，鲁国大获全胜。可是胜利者鲁庄公全程莫名其妙，现在终于可以问一个究竟了。既克，公问其故。"其故"就是"为什么这样啊"，为什么不让我击鼓进攻啊？又为什么让我进攻了呀？为什

[五代] 李赞华《番骑图》（局部）

肉食者都是废物

么不让我追击啊？为什么你要趴地上看车辙登横木看旗子呀？鲁庄公几乎是满脑子问号。

曹刿说出了那句著名的话：夫战，勇气也，一鼓作气，再而衰，三而竭。鼓敲三通，敌方的士气逐渐地就衰落下去、没有了，而我方士气正旺盛，所以战胜了敌人。至于要下车观察车辙、登高望军旗，是因为夫大国难测也，惧有伏焉。大国的行动是难以揣测的，我怕他们有埋伏，不能贸然追击。事实证明我想多了，吾视其辙乱，望其旗靡，他们的车辙混乱，他们的战旗也都倒下去了，故逐之。所以我们就可以放心大胆地追亡逐北了。

其实之前我一直有一个疑问：《曹刿论战》中，齐人为何三鼓，为何不一鼓作气打仗？或者，一鼓的时候，管你鲁国人冲不冲，我就往上冲，那怎么办呢？

这个问题想下去，其实涉及了一个很重大的问题，那就是这个时期，战争开始变得有所不同了。

考之史实，春秋时期战争礼不仅确实存在，而且作为"国际战争法"为当时的作战双方所掌握和遵循。战争礼贯穿在战争的每一个阶段，起着约束人们行为的作用。

具体地说，春秋初期，两军交战遵循的是："结日而定，各居一面，鸣鼓而战，不相诈也。"（《公羊传·桓公十年》何休注）在长勺之战中，当齐军击鼓前进时，鲁军并未按照常规同时前进，而是按兵不动。齐军的接敌距离和时间无形中变为通常的两倍。这一方面使得齐军的疲劳程度增加，另一方面就是影响士气。士气这东西，就像刚出笼的馒头的热气，齐军在一鼓之后激起的士气因为漫长的接敌过程必然地被消耗；当然还有一个影响，就是鲁军超常规的行动必然会引起齐军的惊讶和疑惑，从而动摇其战斗决心，这或许比生理上的疲劳产生的负面影响更为严重。这样一来，鲁军以逸待劳，在三鼓之后以饱满的士气、体力开始冲锋，所以才能一战而克强敌。这才是"一鼓作气，再而衰，三而竭，彼竭我盈，故克之"的真实情况。

老子说："兵者，不祥之器，非君子之器，不得已而用之，恬淡为上。""兵"就是杀人的武器，是武器就会杀死很多人的，所以"不祥"，不是君子之器，所以我们只能在万不得已的时候才使用它，但一定不能以杀为乐、以杀博取荣耀，所以才是"恬淡为上"。

再强调曹刿怎么有军事才华啊、沉着应敌啊，甚至合理利用规则，好像齐国人都是被阴了，背后显示出的则是：旧有的战术思想和对旧有战争规则的遵守都显示出它的落后性和局限性。自长勺之战后，兵法越来越细致多变，也越来越向"诡道"发展，陈旧古板的堂堂之阵逐渐被人们抛弃。战争越来越走向"兵以诈立""兵者诡道也"。春秋越后期，越是礼坏乐崩，战争越来越残酷激烈，古老的战争之礼越来越被嘲讽为"蠢猪式的仁义道德"，兵家和兵家权谋越来越成为被推崇的智慧。

这，就是"长勺之战"真正的意义。

绵上的清冷月色

《左传·介之推不言禄》

从行诸臣骈首争功

《左传》中记载的这段故事发生在鲁僖公二十四年（公元前636年）。

介之推又称介子推，后人尊为介子，春秋时期晋国（今山西介休）人。早年重耳出亡时，先是父亲献公追杀，后是兄弟晋惠公追杀。重耳经常食不果腹、衣不蔽体。据《韩诗外传》记载，有一年重耳逃到卫国，一个随从偷光了重耳的资粮，逃入深山。重耳无粮，饥饿难忍。他向田夫乞讨时，不但没要来饭，反被农夫们用土块当成饭戏谑捉弄了一番。后来重耳都快饿晕过去了，为了让重耳活命，介之推到山沟里，把腿上的肉割了一块，与采摘来的野菜同煮成汤给重耳。当重耳吃后知道是介子推腿上的肉时，他大受感动，声称有朝一日做了君王，要好好报答介之推。

苦命的晋国公子重耳在外流亡十九年，历尽艰难沧桑，最终在六十二岁这一年，在秦国的帮助下回到晋国，即位成为新一代君主，也就是后来的晋文公，并且成为了继齐桓公之后的第二任春秋霸主。这当然是苦尽甘来的一件好事情。

但无奈的是，晋文公甫一即位，各种揩油、打秋风的就都上来了。

第一个就是寺人披。

寺人，是古代宫中的近侍小臣。多以阉人充任，有似于后来的太监。

我相信在很长时间里，寺人披都是晋文公重耳的梦魇，因为，他和重耳之间是追杀和被追杀的关系。如今，晋文公即位，寺人披竟然前来求见。我们可以想象一下文公的内心：好你个狗贼！你竟有这个胆子，还有这个脸皮啊！

于是，文公就派人一字不落地去传话：想当年，我父君晋献公派你到蒲城来杀我，本来命令你第二天赶到就可以，你够麻溜儿的，马上就来了，我虽然没被你砍到，不过袖子都被你砍断了不是吗？——这是第一桩。后来我逃到狄国，我哥哥晋惠公又派你前来杀我，他命令你三天后赶到，你又麻溜儿地第二天就到了——这是第二桩。虽然有君王的命令，你那样快来杀我，够积极的呀！如今在蒲城被你斩断的那只袖口还在。你还胆敢来见我，赶紧滚吧！

可寺人披非常镇定，冷冷地说："我以为君王您这次返国，大概已懂得了为君之道呢。如果还没有懂，恐怕您还是要遇到灾难的。您看，对国君的命令没有二心，这是古代的制度；除掉国君所憎恶的人，臣子们是有多大的力尽多大的力。您当时是君主的敌人啊，所以您本人是什么样的，跟我又有什么关系呢？现在您即位为君，我当然就会全心全意、全力以赴地为您服务了呀。当了君主，您这儿难道就不会再发生蒲、狄那样的事件吗？就没有要杀的人了吗？从前齐桓公能够抛弃射钩之仇，而让管仲辅佐自己，您如果做不到，我何必来为您服务呢？"

这一番话真是说得文公一愣，赶紧将其请入宫来以礼相待。

之后自然有人觉得连寺人披这样的角色都能在晋文公那里得了志，自己当年也不错啊！于是各种觉得对重耳当年有恩的人都来打秋风了。

其中最有意思的一个人是竖头须。

竖头须也叫里凫须。这人地位不高，是个管理仓库的，"竖头须，守藏者也"（《左传·僖公二十四年》）。当年他想跟重耳一块儿走，没走成，就接着看仓库，他监守自盗，偷了不少东西，据他说是准备赞助重耳回国，但是这点儿东西重耳也没有收到。此时竖头须就琢磨着，我这一番热情，也是对重耳的恩啊!

于是他也来见重耳。重耳那天正在洗头,门人来报告说:来了个叫竖头须的,见不见?重耳说:竖头须?算了不见了,我正洗头呢!

消息传到门外,竖头须就说:对啊,君主现在正在洗头,他脸朝下,所以他的心也反着。这话表明他是一个尖牙利齿的人。竖头须又说:他的心既然反着,想问题也就反了。所以呢,现在他觉得好的,都是跟着他一块儿流亡的,像我这在家里等着他、偷了东西准备给他、心向着他、却没机会表现的,算得了什么呢!我走了!

他这样一说,晋文公马上改变态度,头也不洗了,出来见竖头须。

南宋的吕祖谦说,当时"从行诸臣骈首争功,有市人之所不忍为者"(《议介子推不言禄》),跟从重耳的人竞相争夺功劳,有些事商人都羞于去做。

晋文公的确封赏了一些没有什么功劳、前来占便宜的小人。可这样一来,那些真正有功劳的,心里就会不痛快,其中就包括介之推。

 遇到不公正对待

晋侯赏从亡者⁽¹⁾,介之推不言禄⁽²⁾,禄亦弗及。

(1)从亡者:指当初跟随晋文公流亡的人。
(2)禄:禄赏,赏赐。

晋侯赏从亡者,介之推不言禄,禄亦弗及。已经成为晋文公的重耳对其流亡团队成员论功行赏,介之推不谈爵禄,而文公赐禄赏时也没有考虑到他。

这段文字有一种简洁的美感,美在哪里?表达准确,含义丰富。介之推不谈爵禄,因此,爵禄也就没给他,不是因为他没功劳而没给他。也就是说,那些得俸禄的人都是谈俸禄、要俸禄的人。看看寺人披、竖头须之流就明白了。

总而言之,介之推对当时那些求禄邀功的人很是看不上。

与母亲的三轮对话

推曰:"献公之子九人,唯君在矣(1)。惠、怀无亲,外内弃之。(2) 天未绝晋,必将有主。主晋祀(sì)者,非君而谁?天实置(3)之,而二三子以为己力,不亦诬乎?窃人之财,犹谓之盗。况贪天之功以为己力乎?下义其罪,上赏其奸;上下相蒙(4),难与处矣。"

注释 ZHUSHI

(1)唯君在矣:献公九子,八人皆死,唯文公独存。

(2)这一句意为:惠公、怀公无道,外而诸侯,内而臣民,无不弃之。

(3)置:立也。

(4)蒙:欺蒙。

他首先对母亲表明了自己对那些要封赏之人的不屑。介之推说:**献公之子九人,唯君在矣。惠、怀无亲,外内弃之**。晋献公的儿子有九个,现在只剩下文公一人了。晋文公的前任晋惠公、晋怀公都没有亲近的人,而且本人的名声也很不好,国内、国外都厌弃他们。**天未绝晋,必将有主。主晋祀者,非君而谁?** 尽管晋国乱了这么多年,但是上天不想断绝晋国的世系,并不想让晋国就这么灭了,所以你看,现在重耳回国继任君位了,晋国重新获得了它的君主。由此看来，主持晋国祭祀的这个天命所归的、真正的主人，当然就是现在的晋文公啦。天实置之，而二三子以为己力，不亦诬乎？所以重耳得以归国即位，晋国得以重振，这实在是由于上天要立他，但那些随从他逃亡的人却以为是自己的功劳，这不都是骗人的鬼话吗？窃人之财，犹谓之盗。况贪天之功以为己力乎？偷窃别人的财物，还要称他为盗贼呢，更何况这些贪求上天的功劳以之为自己力量的人呢？

所以您看现在的晋国被他们搞成什么样子了：下义其罪，上赏其奸；上下相蒙，难与处矣。居于下位的人把贪天之功、为自己求俸禄打秋风看作正义的行为，而处于上位的人呢，却对这种奸诈的行为给予赏赐，朝野上下互相蒙骗，我已经快要窒息了，实在是难于和他们相处了。

我们分析一下：介之推愤然归隐的直接起因似乎是"晋侯赏从亡者"，而他却被漏掉了，"禄亦弗及"。但是如果仅是如此，那么介之推未免太过意气用事，实际上从这一段来看，真正应该注意的是介之推的"三观"。

他认为晋公子重耳流亡十九年后回国即位，是"天实置之"，是上天的意志，而晋国那些跟从流亡的大臣是"贪天之功，以为己力"，同时晋文公又赏罚不明，所以造成的朝政状态是"下义其罪，上赏其奸。上下相蒙，难与处矣"，因此介之推选择了坚决不跟他们同流合污。

其母曰："盍亦求之？以死，谁怼^{（5）}？"

对曰："尤而效之，罪又甚焉^{（6）}。且出怨言^{（7）}，不食其食。"

（5）盍（hé）：何不，表示反问或疑问。怼（duì），表示心里抵触，对抗。引申为怨恨。

（6）尤：过也。我以贪天者为过，今复效之，则我之罪，又甚于彼矣。

绵上的清冷月色　　035

（7）怨言：指"上下相蒙，难与处"等指责。

听了介之推愤怒的话，母亲试探性地提出建议：**盍亦求之？以死，谁怼**。怼，这个字现在网络通用了，《说文》中解释为：心部，从对声。对，相持也，互相对峙，底下加"心"，表示心里抵触、对抗。引申为怨恨。

你何不自己也去求得赏赐呢？你不去求，就这样默默地死去又能怨谁？

此时的介之推，的确内心愤激、言词不满，既指责君主，又指责大臣，还指责朝政，做母亲的轻轻一句话，把儿子的思想拉转到对自己、对内心的角度上来了。

介之推应该愣了一下，回答说：**尤而效之，罪又甚焉。且出怨言，不食其食**。"尤"是过分的意思，现在还说"以儆效尤"。我既然认为那些人求取赏赐的行为是错误的，而自己又去效法他们，这个罪过岂不是更加严重。况且我已经说出了对国君抱怨的话，就绝对"不食其食"，绝不吃他的禄赏。

这一刻，介之推开始反躬自问了：的确，环境就是这么个环境，事情就是这么个事情，关键在于自己怎么选择、怎么坚持。

其母曰："亦使知之，若何⁽⁸⁾？"
对曰："言，身之文也。身将隐，焉用文⁽⁹⁾之？是求显也。"
其母曰："能如是乎？与汝偕⁽¹⁰⁾隐。"遂隐而死。

（8）若何：如何，怎么样。
（9）文：装饰。
（10）偕：俱，一起。

介之推母亲又进一步提问：**亦使知之，若何**？也应当让你的君主知道你的这种心思啊，怎么样？

这句提问是什么意思呢？

《古文观止》的编者吴老师是这么解说的：既不求之，且欲令（介之推）达言于文公。上，是试以求利；此，是试以求名。意思是：儿子你既然不求赏赐俸禄，是不是应该让国君知道你的高风亮节呢？之前我对你的提点是以求利益，现在这个提点是看你要不要求名声呢？

这无疑是在引导介之推对自己的心理进行更深一步的探问：是啊，你这样愤怒、这样抱怨，到底是在意什么呢？真正使你内心丧失平衡的是求利而不得，还是求名而不得？

此时，介之推已经完全平和下来了，他回答母亲说：言，身之文也。身将隐，焉用文之？是求显也。言语是自身的文饰，我本身即将隐居了，还用得着言语来文饰吗？去向君主表白自己高尚，其实那正是去企求显达呀。——至此，介之推明确了自己的内心：我不要利益，也不希求名声，我选择归隐。

［北宋］燕文贵《秋山萧寺图》（局部）

最后母亲对他的选择表示了尊重、支持：能如是乎？与汝偕隐。你真能这样做吗？那么，我和你一起去隐居。遂隐而死。于是他们就隐居山林，直到死去。

这篇文章，通过介之推与其母的对话来表白介之推的心迹，颂扬他不居功、不求名利、孤高自守的品德。母亲的三次提问，从为文的角度看，是故作波澜；从言行的角度看，是层层考验；从心理学角度看，是内在的选择。三问三答，犹如层层剥笋，细致入微、系统完整地揭示了介之推不言禄、隐居而死的前因后果，展现了他在仕与隐、进与退之间抉择徘徊的心路历程，从而成为后世清高淡泊的隐士所奉行的准则。

另一种征服

晋侯求之不获，以绵上⁽¹⁾为之田，曰："以志吾过，且旌⁽²⁾善人。"

（1）绵上：晋地名。在今山西介休东南。
（2）旌：表彰。

最后，晋侯求之不获，以绵上为之田，晋文公到处寻找他们，都没有找到，就把绵上作为介之推的祭田。"绵上"在今山西介休县东南、沁源县西北的介山之下。曰："以志吾过。" 以此记下我的过错，《说文解字》曰：志，意也。从心，之声，记在心里的意思。且旌善人。并以此表彰心地善良的人。

以上是正版的介之推故事。还有山寨版的：
传说，晋文公后悔自己忘恩负义，赶紧派人召介之推受封，才知道他已隐入绵山。晋文公便亲自带人前去寻访。可绵山蜿蜒数十里，无处可寻。晋文公求人心切，就下令三面烧山想把介之推逼出来。没料到大火烧了三天后，在一棵枯柳树下发现了介之推母子的尸骨，晋文公悲痛万分，他将一段烧焦的柳木，带回宫中做了一双木屐，每天望着它叹道："悲哉足下。"从此"足下"就成了下级对上级或同辈之间相互尊敬的称呼。

同时为表纪念，晋文公下令每年的这一天都不让大家动烟火，只吃冷食，于是就成为了后世的"寒食节"。

其实寒食节的来历跟这个关系不大，但这样的传说体现了人们的心意，人们喜欢将节日和一些美好动人的故事相连，就如同端午节和屈原一样。

但大家纪念介之推，并不是因为他在传说中死于大火，很大程度上是因为他甘愿隐居不讨封赏。那种"不言禄"的骨气与傲气，正是古往今来很受推崇的一种气节，也是面对利益时，许多人都做不到的选择。

历朝历代的文人们留下了大量缅怀介之推的诗篇，后世尊称其为"介子"，宋真宗则下诏封介之推为洁惠侯。

屈原《九章·惜往日》写道：

介子忠而立枯（抱树而死）兮，文君寤而追求。

介子推忠贞而抱树被焚烧而死，晋文公一旦醒悟立刻来访求。

封介山而为（wéi）之禁兮，报大德之优游。

把介山封为他的祭田并立寒食禁火，以此报答他追随流亡的宽广大德。

思久故（故旧）之亲身兮，因缟素而哭之。

思念曾经如此亲密的老朋友，穿着白色的丧服来为他哭泣。

或忠信而死节兮，或訑谩（dàn màn）而不疑。

有的人因为忠信而死，有的人却在欺骗后而不被怀疑，从而取得成功。

真是令人感慨。

后世传说中,介之推一生主要做了三件事情,一是追随重耳流亡,二是割腿肉给饥饿的重耳吃,三是辞官归隐不言禄。《左传》却不言"割肉啖君",如何理解?

"割肉啖君"这件事在《左传》《史记》中都没有记载。它出自哪里呢?

最早是庄子的记载,"自割其股以食文公"(《庄子·盗跖》)。但庄子记载的多是故事,不足以当作可信的历史来读,连他自己都说,我的书里都是"谬悠之说,荒唐之言,无端崖之辞"(《庄子·天下》)。

之后,自带八卦属性的《韩诗外传》进行了更细致全面的想象发挥。

其实稍微想想就知道这事太离谱。虽然古代人吃人肉的事情并不罕见,但老百姓传说的这个故事,实际上我们可以理解为一种大众文化的修辞,表达的是一种情绪。什么情绪?一是对介之推的高度赞赏,一是对好人不得好报的一种惋惜。借他人酒杯浇个人块垒,以此表达被侮辱、被损害者的不满。

三寸之舌,
强于百万之师

《左传·烛之武退秦师》

"弼马温"的威力

《烛之武退秦师》发生在鲁僖公三十年（公元前630年）。在本篇文章之前，《左传》是记载了此次事件发生的日期的："九月，甲午，……"据此推算，本次事件应发生于公元前630年周历九月初十。《春秋》上的原文只有一句"晋人、秦人围郑"，有头无尾。《烛之武退秦师》这个标题是《古文观止》的编者所加。

这个题目望文生义的话会造成误解，好像是烛之武击退了秦师，所以将其改为"烛之武说退秦师"或"烛之武智退秦师"，可能更有利于提示全文主题。

不过，《古文观止》这个题目有一点非常好，这个句子的主语和宾语——即"烛之武"和"秦师"之间存在着巨大的不对等。

烛之武，年已古稀，须发皆白，地位也不显赫，之前做过最大的官叫作"圉正"，就是养马的长官，类似于弼马温，顶多算个退休干部；而"秦师"，那可是秦始皇兵马俑的前身啊，更何况，秦师是和晋师作为联军成对出现的，而晋师，刚刚取得了"城濮之战"的胜利，击败了不可一世的超级大国楚国，晋文公一战成名，成为了继齐桓公之后响当当的新一代霸主……主语宾语完全不对等啊，烛之武敢于去面对秦师，真不知道是该为他的勇气点赞还是为他的愚蠢捂脸……

可历史就是比小说精彩，烛之武愣是把秦师给"退"了！

临危受命

晋侯、秦伯围郑，以其无礼于晋⁽¹⁾，且贰⁽²⁾于楚也。晋军函陵，秦军氾南。

（1）无礼于晋：文公流亡过郑，郑不礼之。
（2）贰：两属，这里是依附的意思。

《左传》明显继承了《春秋》的简练风格。开头完全是客观的、无动于衷的陈述：

晋侯、秦伯围郑，晋文公和秦穆公联合起来围攻郑国，"侯""伯"是他们各自被封的爵位。

引起战事的原因本来是很重要的，但文章仅两句话带过：以其无礼于晋，且贰于楚也。这是因为郑国国君在晋文公重耳流亡经过郑国时对他有过失礼的行为，而且又在晋楚"城濮之战"的时候，倒向过楚国，所以认为郑国对晋国怀有二心。

晋军函陵，秦军氾南。当时晋国的军队进驻函陵，秦国的军队进驻氾水的南面。"军"是动词，是军队驻扎的意思。

现在，我们暂时跳离一下大兵压境的郑国，插播一下当时的"国际"形势。

郑国在春秋中期争霸战中的表现可以概括为四个字：见风使舵。楚国强了，就调转船头向楚国臣服；晋国强了，就调转船头向晋国臣服；或者，齐国强了，就调转船头向北方。这没办法，谁让他是小国呢。

而且，郑国的地理位置也非常特别：他到晋国和到楚国距离差不多，晋楚两国争霸当然都不会把战场摆在自己地盘上，所以这两个超级大国都觉得，战场选在郑国的话，在后勤上彼此都不吃亏。而且郑国地势平坦开阔，很适合战车作战，所以他们就经常挑郑国作为战场。

春秋中期的主旋律就是晋楚争霸，基本模式是：两个超级大国大战一场，谁获胜，各小国就表示拥戴谁做霸主，然后向他缴纳贡品，就是交保护费。

城濮之战前一个月，郑文公要帮着楚国打晋国，结果楚国一失败，郑文公害怕了，于是又派人向晋求投靠求收留。

楚国在"城濮之战"中失败了，晋国挟胜利之势，以新霸主的姿态，前来讨伐郑国了。晋国给出了两条理由：一个是想当年你对我不够礼貌，我记仇了；另一个是"贰于楚"，你曾经给楚国交过保护费，虽说现在倒向了我吧，我心里的气还没消呢。

就为了这么个事，强大的晋国就联合强大的秦国，大军压境。你看，《左传》不动声色、言语简练，不仅在语言上师承了《春秋》，而且隐含着言外的贬义：晋国太霸道了。

文章特意交代了一句：**晋军函陵，秦军氾南。**

晋军和秦军这两支军队没有驻扎在一块，正是因为他们分别驻扎，这就给郑人创造了机会，也才有了"烛之武退秦师"的故事。

这也是《左传》在写作技法上超越《春秋》的地方：只是简单叙述，但是却构成了情节，为下文故事的发生做好了铺垫。

佚之狐言于郑伯曰："国危矣，若使烛之武见秦君，师必退[3]。"公从之。

注释 ZHUSHI

（3）佚之狐、烛之武：都是郑大夫。

郑国被围，弄不好马上就要亡国，怎么办呢？

佚之狐言于郑伯曰，郑国有一个大夫叫佚之狐，他对郑文公说，**国危矣**，我们国家很危险了，现在这种情况，有一个人可以挽救郑国，使我们免于遭受灭顶之灾，这个人就是烛之武。**若使烛之武见秦君，师必退**。如果派遣烛之武去见秦国国君，他们的军队一定会撤退的。

现在郑国也是有根稻草都要抓一下，既然有人出了主意说烛之武能办事，郑文公就**公从之**，马上听从建议，去请烛之武。

辞曰："臣之壮也，犹不如人；今老矣，无能为也已。"

在"烛之武"这个名字中，"烛"代表一个地名，"之"就是"的"，作为名字中的字不必翻译，"武"才是他的名字。如果将其进行翻译的话，"烛之武"的意思就是"来自烛地的武"，有点像张飞称自己"燕人张飞"一样。外国人也有这样的，比如"达·芬奇"，就是"来自芬奇镇的一个小伙子"的意思①。

可是烛之武却推辞了。他说，**臣之壮也，犹不如人**，君主啊，您看，老臣我在年富力强的时候，尚且不如别人，**今老矣，无能为也已**。如今都年迈老朽成这样了，更做不了什么事啦！这句话里有"矣""也已"三个感叹词，

---

① 列奥纳多·迪·皮耶罗·达·芬奇，意大利语为Leonardo di ser Piero da Vinci，其中di、da都是前置词/介词，di表示所属关系，da表示起源、出身，而ser是绅士的意思。其名意为来自芬奇镇的皮耶罗之子列奥纳多。——编者注。

可见烛之武对此感慨很深。

大家听出点什么来了吗？"臣之壮也，犹不如人；今老矣，无能为也已。"语气又平静又诚恳，可是这背后却充满了牢骚与怨气：国君您早干吗去了，我这么个人才，一直在你眼皮底下，从青春到白首，人生虚掷，贤士不遇，英才空老。那份悲哀，那份感伤，其实并不难理解，和后世杜甫"长使英雄泪满襟"的噓叹是何等的契合！

结合着后文他150字就说退秦师来看，烛之武作为一个小小的"弼马温"，对晋国的历史、对晋国国君的为人却是那么清楚，对秦伯的心理、对秦晋之间的恩怨又是如此了然。这是一个何等不简单的人物！

公曰："吾不能早用子，今急而求子，是寡人之过也。然郑亡，子亦有不利焉。"许之。

大敌当前，正是用人之时。郑伯倒是有明君的气度，面对烛之武的抱怨，他没有生气，先是为自己没有早早重用他而道歉："吾不能早用子，今急而求子，是寡人之过也。"我不能及早任用你，现在事情紧急才来求助你，这的确是我的过错。

《春秋》和《论语》都是没有心理描写的。《左传》也没有心理描写，但是《左传》以对话、以关键词的前后呼应，显示了人物的心理。郑伯不但"急"了，而且急到"求"；不但"求"，而且是求"子"（在春秋时代，被国君称为"子"的，往往都是国君所敬重的老臣、贤臣）；这还不够，又直截了当地承认自己有"过"，没有任何委婉的辞令，可见形势"危"、心理"急"到何种程度。

当然，郑伯如果一直这样低三下四，就不像国君了。你看他后半句：然郑亡，子亦有不利焉！但是郑国灭亡了，不仅对我不利，对你也很不利啊！

这一番话，既有满满的诚意，又有利害的晓谕。是啊！不管谁对谁错，目前是国家危急存亡之秋，我们是命运共同体啊！于是烛之武许之，决定单枪匹马，去见秦伯。

这里依然没有心理描写，也没有动作、表情，更没有形容、渲染，但是人物的精神状态，对于细心的读者来说，可谓历历在目。

02 晓之以"利害"

夜缒⁽¹⁾而出。见秦伯曰："秦、晋围郑，郑既知亡矣。若亡郑而有益于君，敢以烦执事。越国以鄙远，君知其难也⁽²⁾，焉用亡郑以陪⁽³⁾邻？邻之厚，君之薄也。若舍郑以为东道主⁽⁴⁾，行李⁽⁵⁾之往来，共⁽⁶⁾其乏困，君亦无所害。"

（1）缒：悬城而下。

（2）越国以鄙远：秦在西，晋在东，郑居其间。设得郑以为秦边邑，则越晋而难保。

（3）陪：益也。

（4）东道主：东路上的主人。郑在秦东，故曰"东道"。

（5）行李：指的是往来的使臣。

（6）共：同"供"。

夜缒而出。烛之武趁着夜色出城。注意他的出城方式："缒"，意思是用绳索拴住人或物从上往下放。

国君派出外交使者，本来是正大光明的，为什么选择在夜里，而且不是从城门走出来，而是从城头上用绳子吊下来？一个"夜"、一个"缒"，这个

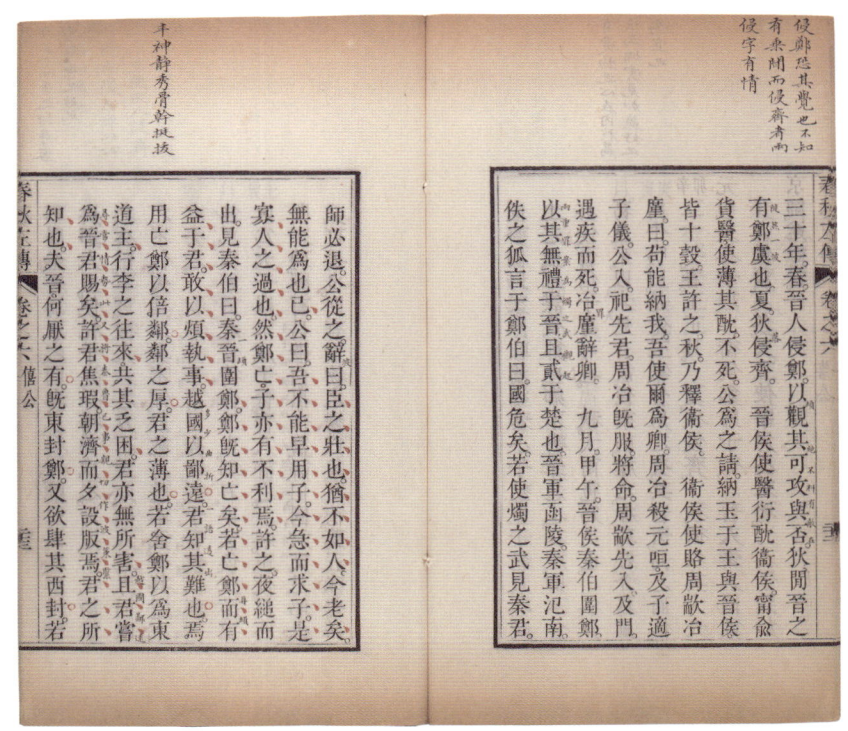

《春秋左传》僖公三十年

春秋笔法用得太绝了。外交使者不敢白天公开出来,郑国连城门都不敢开。

这是在写情节的进展,照应了前文的"围郑""国危矣""今急而求子"。

烛之武一下到地面,毫不犹豫,直奔汜南的秦军大营而去。

那么问题来了:烛之武干嘛去"游说秦师"而不是去"游说晋师"呢?当初,佚之狐推荐烛之武点名要他去"见秦君",而烛之武冒险出城也直接"见秦伯"。可见他俩已有共识:秦晋合围,晋是主,秦是从,说退了秦军,晋军则不战而退。之所以有这个共识,那也是因为他们都深知秦晋关系的要害。

我们现在有个成语"秦晋之好",可见秦晋两国关系是很铁的。时任的两国国君,有着非同寻常的婚姻关系和政治关系。秦晋两国在地理上是一河之隔的近邻，根据《左传》记载，秦穆公先是晋文公的亲姐夫，后来又是晋文公的老丈人。而且晋文公先前由于晋国王室内乱，在外流亡了十九年，最后是秦穆公用武力帮助他回到晋国，当了国君。秦晋之间这种重叠复杂的关系，看似友好牢固，但毕竟是政治联姻，其关系最终还是取决于政治利益。

对晋国来说，晋文公即位后，振兴晋国，成了霸主，下一步势必要四处扩张，身旁的秦国自然是嘴边之食；对秦国来说，晋国要向东扩张，西邻的强秦也是"躲在后面的那只黄雀"。秦国当然也想称霸，那么已经称了霸的晋国，正是横挡在它前面的巨大障碍。

因此无论从哪个方面看，这个时期，晋国都是秦国最直接、最强大、最危险的敌人。

佚之狐、烛之武正是敏锐地看到秦、晋表面上牢不可破的关系背后，有着实质性的你死我活的利益矛盾，意识到只有从这个缝隙下手，才能撬开它们之间的铁关系。

烛之武的任务是说服秦军退兵。而如上所述，这个看上去似乎十分严峻复杂的问题，一旦抓住了要害，就变得十分简单清晰。大家都是明白人，也不必多费口舌纵横论说，剩下的就是口才：如何三言两语，简洁而雄辩，让对方口服心折。

客观来讲，秦和郑属对立的双方，利害关系相反，应该没有共同语言，要想谈判的话就必须有一个双方认可的前提，这样才能实现对话。烛之武必须找到一个秦穆公认可的前提。他还真找到了，就是一个"利"字。

首先他说，**秦、晋围郑，郑既知亡矣**。秦晋两国军队围攻郑国，郑国人已经知道自己就要灭亡了。**若亡郑而有益于君，敢以烦执事**。假如郑国灭亡了对你们秦国有好处，那就麻烦您进行这次战争，拜托您把我们灭了吧！

这套外交辞令真是漂亮，同时又说得坦然直率：灭了我们郑国如果真的对你秦国有好处，那悉听尊便，您就灭了它吧！

关键是，郑国亡了，对你们秦国真的有好处吗？越国以鄙远，君知其难也。"越国"是说一个国家要越过另一个国家，"鄙远"是"以远为鄙"，在遥远的土地上开辟自己的边邑——这是在说秦、晋、郑三国的地理位置。假设灭了郑国，郑国真成了秦国遥远的边地，可当中隔着晋国，秦国鞭长莫及，要向晋国借道才能实现对郑国的管理，这不是受制于晋国嘛，对秦国有什么益处呢？所以灭了郑国的话，实际上是增加了晋国的疆土。对于晋国有益，那就意味着对秦国是无益的，邻之厚，君之薄也。邻国的实力增强了，就等于贵国的势力削弱了不是？焉用亡郑以陪邻？"陪邻"，就是增加邻国的国土。您何必费这么大劲来灭掉郑国，结果是帮邻国扩大疆域呢？

这是第一层意思：灭掉郑国，只是对晋国有好处，对秦国并无益处。

假如把郑国留下来呢？

烛之武说，若舍郑以为东道主，假如保留下郑国，让它成为您的东道主，贵国的使者来往经过这里，我们也能供应他们缺乏的东西，君亦无所害，这对您也没有坏处吧。

这话说得委婉，却非常有分量。秦穆公可不傻，他始终都想越过晋国的大墙向东发展，之前辅助晋文公回国即位，再之前辅助晋惠公回国即位，一次次插手晋国内政，那可不是什么学雷锋做好事。无奈这个晋文公太精明太有作为，短短四年就跃升为一代霸主，秦国只好一次次被裹挟参与到晋国的行动中，等于是给人家呐喊助威、跑龙套。

当然这一点烛之武也非常清楚，所以是说者有心，听者也有意，这话听在秦穆公耳朵里，明显意味着这是一个好机会。我和郑国搞好关系，将来一是可以夹击一下晋国，二是可以以郑国为跳板，向东发展。

这是烛之武表达的第二层意思：留下郑国的两大好处。

"且君尝为（wèi）晋君赐矣，许君焦、瑕，朝济而夕设版焉，君之所知也⁽⁷⁾。夫晋，何厌之有？既东封郑，又欲肆其西封。若不阙秦，将焉取之？⁽⁸⁾ 阙秦以利晋，唯君图之。"

> **注释 ZHUSHI**
>
> （7）晋君：指秦惠公。惠公许秦以焦、瑕二邑，朝济河而夕设版筑以拒秦。
>
> （8）这句话是说晋国既灭郑，以辟其东方之封疆，势必又向西边扩展疆土。封，疆也。肆，申也，大也。阙，削也。

说到这里，从逻辑上来说，是够雄辩的了。但是，烛之武不像当时的一般游说之士，满足于逻辑的推断，他的厉害之处还在于，进一步用史实来实证。且君尝为晋君赐矣，当年您曾经对晋惠公施与恩惠。这里说的是鲁僖公九年（公元前651年），也就是二十年前的往事。

客观地说，秦穆公的确帮了晋国不少忙，晋国惠公、怀公、文公三代君主都是秦穆公帮忙立的。当年秦穆公武装护送晋惠公归国即位，为表感激，晋惠公许君焦、瑕，他答应以焦、瑕两城作为酬谢。但是结果呢？朝济而夕设版焉，晋惠公早晨刚渡过黄河回国，晚上就修筑工事来防备秦国。这是怎么回事呢？因为他回国后就反悔了，送话给秦穆公："当初我是跟你说过，把河外的地给你。但是我晋国的大臣对我说，'这片土地是我们晋国的先君遗留下来的土地，是我们晋国领土神圣不可分割的一部分。当时你流亡在外，有什么资格把这块地许给别人呢？'我拿他们也没办法。"于是他就赖着地不给了。此时烛之武旧事重提：晋国做过的这些事君之所知也，您都是知道的。这话说得很调动情绪。

这是第三层意思：历史经验值得警惕！

烛之武趁势引导，大王您沿着这个历史再往长远里想一下，夫晋，何厌之有？晋国哪里会有满足的时候？既东封郑，又欲肆其西封。等到他在东边把疆土扩大到郑国，就会再向西边扩展疆土，若不阙秦，将焉取之？那时候如果不去损害你秦国，又能到哪里去取得土地呢？到时候晋国必然阙秦以利晋，通过损害秦国来增强晋国，这种可预见的未来唯君图之。请您好好考虑一下吧。

几乎每一句话都正中靶心，本来秦穆公纠结于眼前战事，而烛之武从战略上着眼，以长远眼光彻底唤醒了秦穆公。

这是第四层意思：未来不可不预见啊。

这段话150字，精彩绝艳，字字力抵千钧。

纵观下来，烛之武抓住了一个关键词"利益"，回避了眼前郑国和秦国利害关系相反的难点，以"如何才是对秦国有利"作为前提，这就把论题转移了：第一，不是对秦国和郑国有没有益，而是对秦国和晋国有没有益；第二，不是眼下对秦国有没有益，而是未来对秦国有没有益。最后的结论，又点到关键词"利"字上来，这一切结果只是损害秦国、有"利"于晋国。

烛之武游说秦伯，不是逞一时口舌之快。外交不讲究实力终是空谈。烛之武的雄辩，完全着眼于实力在战略上的利害转化：晋长必然导致秦消。

同盟瓦解

秦伯说⁽¹⁾，与郑人盟，使杞子、逢孙、杨孙戍之⁽²⁾，乃还。

（1）说：通"悦"。

（2）杞子、逢孙、杨孙：三人皆秦大夫，反为郑守。戍，屯兵以守也。

秦伯说，秦穆公听了这番话，很高兴，当即就**与郑人盟**，和郑国订立了盟约，并且**使杞子、逢孙、杨孙戍之，乃还**。委派杞子、逢孙和杨孙等人，留守在那里帮郑国戍守驻防，自己率领大军回国了。

秦郑联盟了，原来的盟军晋呢？连招呼也没打，就这样简单地走了。

至此，烛之武成功地瓦解了秦晋的联盟，这个胜利显示了他在策略上和战略上的全面考量。

策略上：第一，不是分兵抵抗，而是谈判；第二，先争取利害关系不太密切的一方，瓦解其同盟关系，另外一方自然退兵。

战略上：不但扭转眼前的危局，而且从长远看，化晋秦同盟为郑秦同盟。有了这样着眼于实力转化的大视野，口才、逻辑的胜利才有坚实的基础。这在《孙子兵法》中叫作"上兵伐谋""不战而屈人之兵"。

子犯[3]**请击之，公曰："不可，微夫人之力不及此**[4]**。因人之力而敝**[5]**之，不仁；失其所与，不知（zhì）；以乱易整，不武**[6]**。吾其还也。"亦去之。**

注释 ZHUSHI

（3）子犯：即狐偃，晋文公舅父。

（4）微：无也。夫人，谓秦穆公（秦伯）。

（5）敝：损害。

（6）武：英武，与"仁"一样，都是当时抽象的道德观念。

晋国一方当然气坏了。首先是晋文公的舅舅**子犯请击之**，请求出兵袭击秦军。晋文公说**不可**，不行啊。为什么呢？晋文公说了三点理由：

首先，当初是秦穆公送我回国继承君位的，**微夫人之力不及此**。假如当初没有这个人的帮助，我也不会有今天。**因人之力而敝之**，得过人家的帮助，反而去伤害人家，这样做是**不仁**。

其次，虽然秦伯不告而别很让人生气，但毕竟还没有撕破脸皮，所以我们还算是同盟，如果派兵去攻打他，那我们就彻底破裂了，而失其所与，失掉了自己的同盟者，就是不知。

第三，作为两个大国，我们真的打起来，就是以乱易整，以混战代替联盟，这是不武，因为武力真正的意义在于维护世界和平啊。

所以，吾其还也，我们还是撤回去吧。于是，亦去之。晋国的军队也撤出了郑国。

有人问，晋文公在结尾这一番说辞，显示了他"仁""智""武"的价值追求，堂皇有力，果然是一代明君！可是，如果他真的是这样的人的话，开头就不该"围郑"才对啊？

《左传》中的晋文公非常不简单。他奉行霸道，却打着王道的旗号。出师伐郑，讲的是利和益，就是霸道；霸道讲不成了，就换了一副面孔，用另外一套话语，大讲其"仁""智""武"，用的是书面化的雅语，不但与郑国君主直截了当的口语不同，与烛之武的委婉之语也不同。在这套雅语背后，显示的是晋文公的两面性——既然讲仁义，那出师伐郑，发动流血战争，又算什么呢？你看，这就是《春秋》的"寓褒贬"。所以孔子才会评价道：晋文公谲而不正。

"谲"就是诡诈，晋文公这个人精明、心眼多，但不厚道。他很善于装扮正义、正确，控制道义的制高点，但使用的常常是诈术诡计，纵观他称霸后的种种作为，就知道夫子所言极是。

大战前的哭声

《左传·蹇叔哭师》

秦穆公的霸业

《蹇(jiǎn)叔哭师》选自《左传·僖公三十二年》(公元前628年),这是烛之武退秦师的后续,也是秦晋殽之战的前序。所以这个事件依然属于"春秋争霸战"的主旋律,是具有强烈称霸野心的两个大国秦国、晋国之间的较量。

此时,秦国依然是秦穆公在位当政。秦穆公是春秋五霸之一,但是有人却对他是否有资格列入霸主行列表示怀疑:他一辈子没有出过函谷关,怎么算得上一个霸主呢?仅就这一点来说,这种怀疑不无道理。

在秦穆公以前,秦国一直被东方诸国视为远离中原的蛮荒小国,是文化荒芜的虎狼之国。秦先祖秦非子因养马有功被周天子封为附庸,直到周平王东迁时,秦国才终于获得了诸侯的地位,但是秦国终究被中原看不起,而且本身也一直弱小,经常遭受西戎的蹂躏。

可是,即使出身再差,先天条件再艰苦,也依然可以怀揣梦想是不是?秦称霸中原的梦想,是从秦穆公开始孕育并实施的。被人欺负?就打回去;文化落后?就引进人才;资源缺乏?就励精图治;没有条件?那就积极地创造条件!

对于秦穆公而言,实现梦想,首先要做到三件事情:

1.平定西戎,稳固后方,扩大领土,增加粮食和人口。

2.广纳人才，例如他从东西方各国招揽了百里奚、蹇叔、由余等人，并都委以重任。

3.利用晋国内乱，扶植起听话的君主，希望打通东进称霸之路。

客观地说，前两件事情，秦穆公做得非常好。但第三件事情，秦穆公的确时运极其不佳——他扶植了晋惠公，不料晋惠公背信弃义，逼得秦穆公与晋国开战。在韩原之战，秦穆公又扶植了晋惠公的儿子晋怀公，然而怀公继续翻脸无情，把秦国锁死在函谷关以内。于是秦穆公又把流亡十九年、此时还在楚国混吃混喝的重耳叫了回来，帮助他回国并扶植其登基，没想到竟然扶植起了一代雄主，晋文公重耳差一点彻底断送了秦穆公的称霸之路。

为什么一定要"逐鹿中原"？

春秋时代，太行山以东的诸夏各国，不管军事实力多么弱小，始终都是中国这片土地上人口最众多、经济最繁荣、文化创造力最旺盛的地区。一个最直接的证据就是：如果并非如此，大家干嘛非跑到这里来争霸啊？

比如楚国也可以往东发展嘛，那可是今天的江浙地区；楚国也可以往南发展嘛，到湖南去、到广东去，那里都是没有开发的处女地。而且我们知道，无论是江浙还是湖广，就自然条件方面，可都比黄河流域要优越。可是楚国人偏偏哪里都不去，他就是要北上。

同样，晋国也不一定非要南下和东进啊，它西边就是秦国，而且事实也证明了秦国就是个大威胁。可是尽管晋国很注意削弱秦的国力、扼制它的发展，却没有兴趣向西推进夺取秦的土地。相反地，晋国要到中原来争霸，热切地想扮演起华夏文明的代表者和保护人的角色。

这些史实都说明了，那些战场上连吃败仗的诸夏所创造的财富和文化，才真正富有吸引力——这就叫作文化的力量。

秦穆公当政三十一年，他的一大长处是活得够久，回头看看他都熬死了哪些人吧：第一个是开疆扩土的晋献公，第二个是称霸中原的齐桓公，第三个是春秋五霸之一宋襄公，第四个是他自己扶持的晋惠公夷吾，第五个是晋惠公的儿子晋怀公，第六个就是雄才大略的中原霸主晋文公重耳。

僖公三十二年，晋文公重耳死了。想象一下已经进入暮年的秦穆公得到这个消息时的心情吧。而且还有好消息传来：当初在"烛之武退秦师"中，他不是留下三个人帮郑国驻守城防吗？两年多过去了，这三个人干得不错，郑国人在晋文公死的这一年的冬天，把都城北门的钥匙给了他们。三个人很高兴，就赶紧给秦国送信，说现在要派一支人马，从秦国出发来到郑国的话，咱们里应外合，郑国的都城唾手可得。秦穆公这辈子的大志向就是经略东方，过去他是干着急，临到暮年终于有了这样的机会，可以想象秦穆公听到这个消息以后兴奋成什么样子。想这么多高兴事儿也就难免高兴得头脑发热，于是，秦穆公当即决定出兵越过晋国，再越过周王城，偷袭千里之外的郑国。

这种情况下做出的决策，用《大学》里的话来说，就是"有所好乐，则不得其正"（心里存了好乐，就必然生出妄想，就用自己的偏好和感觉做事，而不是用理性和规律做事，当然就偏离了真理的轨道），用成语来说，就是"利令智昏"。

难道没人给他指出来吗？秦穆公不是昏庸之辈，他手下也不乏才干卓越同时忠心耿耿的大臣，所以就有了我们今天要学习的这一篇：蹇叔哭师。

 面对机会谁能不动心？

杞子⁽¹⁾自郑使告于秦曰："郑人使我掌其北门之管⁽²⁾，若潜师以来，国可得也。"穆公访诸蹇叔。

（1）杞子：秦大夫。僖公三十年，秦伯与郑人盟，使杞子等戍郑。

（2）管：锁钥。

杞子自郑使告于秦，杞子从郑国派人向秦穆公报告。两年前，秦国和晋国联合攻打过郑国，在烛之武的劝说下，秦国退兵，秦伯与郑人盟，杞子和逢孙、杨孙一起留下帮郑国驻防戍守。现在，他派间谍回国汇报，说郑人使我掌其北门之管。郑国人叫我掌管他们都城新郑北门的钥匙。所以咱们秦国若潜师以来，如果能暗中发兵来进行袭击，国可得也，就可以攻占郑国。这样我们就可以绕过晋国，不仅向东方争霸的道路打开了，而且我们还可以从两边去夹击晋国。

秦穆公大喜过望，于是去走访他的智囊大臣百里奚和蹇叔，询问他们的看法，说多年压在心坎里的一个解决不了的问题，现在终于可以解决了！

不成想，首先是百里奚坚决不同意。再访蹇叔时，蹇叔也不同意。

02　有的人认识还算清醒

蹇叔曰："劳师以袭⁽²⁾远，非所闻也。师劳力竭，远主备之，⁽³⁾无乃不可乎？师之所为，郑必知之。勤而无所，必有悖心。⁽⁴⁾且行千里，其谁不知？"

（1）蹇叔：秦大夫。

（2）袭：轻行而掩之，曰"袭"。

（3）此句意为：兵师劳苦，其力必尽。远方之主，易为之备。

（4）此句意为：郑既知之，则秦兵勤劳而无所得，必生悖逆之心而妄为。

蹇叔是后世"蹇"姓的始祖，但这里的蹇，还只是他的名字。叔，则是他的排行。作为秦穆公的重臣，蹇叔说，**劳师以袭远**，"劳师"是兴师动众、长途消耗；"袭远"是去袭击远方的国家，**非所闻也**。这种做法能成功，我从来没听说过。

其实蹇叔指出了"杞子行动计划"成败的一个关键：拿下郑国当然好处多多，但是，拿下的关键在于对郑国的偷袭能否成功，而这么"劳师以袭远"却是一定不能成功的。为什么呢？一方面**师劳力竭**，兵马疲劳，气力耗尽；一方面**远主备之**，远方的郑国也会早有准备。

所以**无乃不可乎**？这样做恐怕是不行的。"无乃……乎"，表示一种委婉的商量的语气：我们还是别这么干了吧。《左传》里对语气、身份的表现十分精准，见识再高，蹇叔也没有忘记对国君的尊重，尽管秦穆公贸然出兵的想法的确非常愚蠢、利令智昏，蹇叔也没忘记身份，一直在耐心细致地分析：因为要走这么远的路，还要越过别的国家，**师之所为，郑必知之**。我们出兵的举动，郑国必然会知道，也一定会有所准备，到时候咱们就谈不上"袭"了。因为"轻行而掩之（悄悄地过去攻其不备），曰'袭'"。

第三方面的害处是从军队的军心来谈的，**勤而无所，必有悖心**。士兵们辛苦劳累而毫无所得，必然产生怨恨的情绪。而且还有第四方面的害处：**且行千里，其谁不知**？要走上千里的路，谁会不知道我们的举动呢？谁呢？郑国就不说了，真正的、潜在的危害从来都不是郑国，而是晋国。是的，晋文公刚刚去世，但是那些能干的军方鹰派人物，如先轸等人可都在呢。大好的一个机会、大好的一块肥肉，难道他们不会有所行动吗？

总之，我觉得这事做不得，太冒险了！当年百里奚在推荐蹇叔的时候，就说过蹇叔的特点是能预知未来，现在，他已经预测这次行动没有好结果了。

03 清醒的人总会被骂

公辞⁽¹⁾焉。召孟明、西乞、白乙⁽²⁾，使出师于东门之外。蹇叔哭之，曰："孟子！吾见师之出而不见其入也！"公使谓之曰："尔何知？中寿⁽³⁾，尔墓之木拱矣。⁽⁴⁾"

（1）辞：不受其言。
（2）孟明：即百里孟明视。西乞，西乞术。白乙，白乙丙。《世族谱》认为百里孟明视为百里奚之子，姓百里，名视，字孟明。
（3）中寿：百岁。上寿百二十岁，下寿八十岁。
（4）尔墓之木拱矣：合手曰"拱"，《古文观止》评曰："言尔何有知识，设当中寿而死，尔之墓木已拱矣。极诋其衰老失智也。"言其过老悖，不可用。

可是这个时候，秦穆公怎么也不想放弃这个大好的机会。公辞焉，没有听他的劝告。不单是秦穆公，当时整个秦国的将军们，包括一些臣民，应该都觉得这是个好机会，有便宜岂可不占？很多人都相信这个道理，包括百里奚的儿子。

百里奚的儿子，就是这次出征的主帅，叫孟明视，而且蹇叔的儿子也在军中。大概百里奚的儿子、蹇叔的儿子都不同意两个老父亲的观点，都觉得他们太老了、太保守了。反正当时的秦国就是君主脑子发热，举国军民若狂！秦穆公不听蹇叔的话，就开始下战争动员令，并组织人马。召孟明、西乞、白乙三员大将率部出征。将人马迅速组织好了以后，使出师于东门之外，三位主帅带领军队从东门出发。

秦军出发是在冬天。刚一出动，就听见了蹇叔的哭声。他首先对着主帅百里孟明视而哭，边哭边说，孟明啊，吾见师之出而不见其入也。我恐怕只能看到这支军队出去，再也看不到它回来了。你们有出无回，你们这次就是个去打狗的肉包子啊。结果还真是被他说中，在这支大军回程走到殽山时，遭到晋国大军的伏击，全军覆没。这是春秋以来第一例"全军覆没"的战争。

可是此时，蹇叔的哭声和预言只使秦穆公神烦，公使谓之曰，就派人来斥责蹇叔说，尔何知？你这个老家伙早就落后了，你知道什么？中寿，尔墓之木拱矣。这话说得可真是太难听了，表面意思是：你若是中寿就死了的话，现在坟墓上的树木都有两手合抱那么粗了！深层意思就是：你早就该死了！《古文观止》上评论说"极诋其衰老失智也"。

04 无奈哭而送别

蹇叔之子与⁽¹⁾师，哭而送之，曰："晋人御师必于殽⁽²⁾，殽有二陵⁽³⁾焉。其南陵，夏后皋⁽⁴⁾之墓也；其北陵，文王之所辟风雨也⁽⁵⁾。必死是间，余收尔骨焉！秦师遂东。

（1）与（yù）：参与。

（2）殽（yáo）：殽在弘农渑池县西，殽地险阻，可以邀击，晋有宿怨，御师必在于此。

（3）陵：大阜曰陵。《尔雅·释地》云："高平曰陆。大陆曰阜。大阜曰陵。"

（4）皋：夏桀之祖父。

（5）辟：同"避"。此道在二殽之间，南谷中谷深委曲，两山相嵌，故可以避风雨。

老人家哭得更厉害了。蹇叔之子与师，哭而送之，蹇叔的儿子也参加了这支出征的队伍。他哭完百里奚的儿子孟明视之后，就去哭自己的儿子。他哭诉：儿啊，你参加这次军事行动，这一去，你也就回不来了！你们走的行军路线，到了殽山这儿的时候，晋人御师必于殽，晋国人必然要在殽山狙击你们。为什么是殽山？这里有一处非常适合伏击。殽有二陵焉。那里有两座陵，即高大的土山。其南陵，夏后皋之墓也，南面的称南陵，是夏朝帝王皋的坟墓。"后"，古代是帝王的意思，"皋"，是夏桀之祖父。其北陵，文王之所辟风雨也，北面的称北陵，是周文王当年来往于东方西方之际、避雨的险地。晋人一定会在这里设伏，你们也会在这里覆灭。必死是间，你也必定会死在那里，余收尔骨焉，我要到那里去收拾你的尸骨。

事情果然一件一件如同蹇叔预料的那样发生了：郑国人果然有所察觉并采取了应对措施，秦军甚至还没有到达郑国，而只走到"滑"这个地方，就无法继续"袭击"了。秦师果然劳师袭远毫无建树，晋国也果然在殽山设伏，秦军除了三位主帅外全军覆没。

蹇叔哭师并不是一个壮举，也没有起到应该有的劝谏作用，为什么还有记录的必要呢？

大战前的哭声

假如在一年后再来看蹇叔的哭泣,就会发现,这是事前就为必然的失败而哭,不是事后面对残局的伤心后悔,不是事后诸葛亮而是事前的无能为力,只能看着自己的儿子在自己朋友的儿子的带领下,怀着对自己的不屑和不满,一步步走向必死的结局。

在这个萧瑟的秦国的冬天,在这个老人的哭声中,秦师遂东,将士们走到他跟前,都加快了脚步。千载以下,南宋陆游写过这样的诗句:离骚未尽灵均恨,志士千秋泪满裳。这种痛苦和遗憾,是相通的吧!

少年清澈的心眼

《左传·王孙满对楚子》

末世王孙

王孙满当然并不姓王。王孙,表明他是周王的孙子,名字叫满。具体来说,"满"是最任性胡为的天子——周襄王的孙子。

王孙满生在王族,但那些王又都是那样堕落、懦弱、浮华,王室的威仪早已消失殆尽,王族的成员也大多是些纨绔子弟,唯独王孙满,他是如此不同,有着远超于常人的见识和思辨之才。

王孙满在《左传》中总共出场两次,却分别跟两位春秋霸主有关。

第一次,是鲁僖公三十三年(公元前627年)时,预测秦穆公会在秦晋"殽之战"中失败,第二次,是鲁宣公三年(公元前606年)时,智对楚庄王"问鼎",使楚国退兵。

01 少年清澈的心眼

三十三年春,秦师过周北门。左右免冑而下,超乘者三百乘。王孙满尚幼,观之,言于王曰:"秦师轻而无礼,必败。轻者寡谋,无礼则脱。入险而脱,又不能谋,能无败乎?"

我们首先看第一次。

066　《古文观止》精读 先秦卷

在《蹇叔哭师》中我们讲到过，秦国想要兴兵伐郑，必须要经由晋国和周王畿（jī，国都附近的地区）。秦军在没有得到允许的情形下，偷偷越过晋国国境，来到了周朝国都洛邑。

按照礼制，诸侯行军经由周都时，除御车者外，射者和持戈者都应该卸甲、下车，以示对周王的恭敬，这是体面的事，在春秋时代是非常重要的。

但秦军没有，车左、车右下车时，仅仅脱下头盔，并没有去全甲，而且竟然有三百多乘的兵士是跳跃而上，不仅没有敬意，连一点稳重也没有。

这时王孙满只有十二岁，跟在祖父周襄王的身边，观看了秦军过境的整个过程，经由这些细节断言：秦军必败。

当时预言出"殽之战"及其结果的，有三个人：

第一个是晋国的卜官卜偃，他卜算出将有西方军队（秦）过晋境，并预言"击之，必大捷"。

第二个是秦国的右相蹇叔，他苦谏穆公不得后，哭而送师时直接预言了秦师覆没的地点——殽山的两陵之间。

第三个就是这位城头旁观的"第三方"，少年王孙满。

《左传》简笔勾画了这个少年澄澈而自信的眼光，从周王城上越过秦师，投向"霸"星正耀的晋国。

第二次是在二十年后，鲁宣公三年，此时是平庸的周定王在位，这一年，楚庄王讨伐陆浑之戎，一路渡过洛水来到了洛邑，还特意在周王的土地上搞了一次大阅兵。楚庄王都这么强势了，周王也不好装痴卖聋，体面总要撑一下，于是周定王派当时已经是周大夫的王孙满前往犒劳楚庄王。

公认的"春秋五霸"是齐桓公、晋文公、秦穆公、宋襄公、楚庄王。别的国君，尊称一声"公"，只有楚国国君，称"王"。春秋时代乃至更早，只有周天子可以称王，那么楚国怎么就敢称王了呢？

当初武王伐纣时，曾经在孟津大会诸侯，当时楚国也来了，可它当时不但文化落后，国力也不强，于是周王就封了他一个"子爵"——在周制的五等爵位"公、侯、伯、子、男"里，子爵的地位相当低，而且叫起来"楚子、楚子"的，也太难听了，试问谁能咽得下这口气？

楚地民风彪悍，楚国奉行扩张主义，一路吞并各部落蛮夷，又一路北上，看见什么小国就一口吞下，绝没什么客气。春秋时候被灭的小国很多，据顾栋高《春秋大事表》的统计，其中亡于楚国之手、见于典籍的就有四十二个，超过灭国数排名二、三、四位的晋、齐、鲁三国的总和。分布在汉水北岸的一系列姬姓国，被楚国风卷残云般地消灭干净。

清代高士奇编写《左传纪事本末》，将《楚伐灭小国》专门集为一编。他这样概括楚国向北扩张的过程：唐国、邓国逼处方城山之外，不免首先承受了楚国的兵锋，他们灭亡之后，遭遇同样命运的是申国和息国，接下来是江国和黄国，再接下来是陈国和蔡国。等到陈国、蔡国也招架不住，中原诸国就无一不感受到楚国的威胁了。

黄河流域的诸夏本来还在那里自顾自地打打闹闹，偶然抬头一看，却猛地发现，楚国这个地方千里的庞然大物已经近在眼前。其中惊心动魄之处，实在难以用言语表达。

中原各国本来瞧不起楚国，现在楚国强大了，会因此尊重他吗？不会的，一方面怕你，一方面为了补偿这个害怕，我还要加倍地瞧不起你。你看《左传》中提到楚国国君，一口一个"楚子"，那是绝不松口的，包括我们这篇《王孙满对楚子》，题目虽然是后加的，但是也完全传达了《左传》的理念。

楚国人自然也非常不满意。到了楚第九代国君熊渠的时候，公开宣称"我蛮夷也，不与中国之号谥"，我就是南方蛮子又怎么了？我根本不在乎你中原给我封的称号！于是熊渠就封自己的三个儿子为王。（楚国的王族是芈姓熊氏）

到了楚庄王熊侣这一代，他即位时不到二十岁，当时楚国国内局势非常复杂，熊侣韬光养晦，表现出沉湎于声色犬马、不问政事的样子。三年后，任用大夫伍举，连续做了平定内乱、灭庸盟郑、伐陈攻宋等"大事"，留下了"一鸣惊人""一飞冲天"等成语，接着向他生命中的下一个成语进发——"问鼎中原"。

 别有用心的探问

楚子伐陆浑之戎⁽¹⁾，遂至于雒（luò），观⁽²⁾兵于周疆。定王使王孙满劳楚子⁽³⁾。楚子问鼎之大小轻重⁽⁴⁾焉。

（1）陆浑之戎：秦、晋所迁于伊川的部落。
（2）观（guàn）：示兵威以胁周。
（3）劳楚子：楚强周弱，定王无如之何，故使大夫劳之。
（4）鼎之大小轻重：禹之九鼎，三代相传，如同后世传国玺。
楚庄问大小轻重，示欲威逼取天下。

楚子伐陆浑之戎，自觉羽翼已丰的他亲率大军北上，攻打陆浑之戎。"陆浑之戎"在《左传》等史书上有明确记载，他们原是居住在西北甘肃瓜州的一个游牧部落，公元前638年东迁至洛阳，在服饰、饮食、礼节等方面都与华夏人大不相同。2015年河南陆浑之戎墓地考古显示：这些戎人的骨骼长而粗壮，成年男性身高一般在一米八左右，尽管他们墓葬和车马的形制已经非常中原化了，但在车马的旁边，随葬有大量牛羊头蹄，这是西北戎人特有的习俗。

楚庄王追击"陆浑之戎"，**遂至于雒**，于是来到洛水边上。注意这个"遂"字，可见此地的周王室，根本没有被气盛的楚庄王放在心上过，只是在追击过程中,自然而然地、不小心地、根本没注意地,嚯!竟然到了周天子这里了。

来都来了,不显示一番、不像孙悟空撒泡尿写"齐天大圣到此一游",岂不是辜负了!于是,楚庄王观兵于周疆,"观兵",就是检阅军队以显示军威。问题是,向谁显示呢?《古文观止》注释说"示兵威以胁周也",是向周王室显示军威,可我想,不仅仅是向周王室,应该是通过周王室向中原各国示威吧。

楚国已经出招了,周王室怎么应对?不光楚国看着,中原各国吃瓜群众也都眼巴巴看着呢!楚强周弱,打回去是不可能的;当缩头乌龟装看不见也是不可能的,怎么办?定王使王孙满劳楚子。周定王派王孙满前往慰劳楚庄王。简直要给周王室鼓掌啊!你看这个"劳"(慰劳、犒劳)里有多少种意思:第一,你辛苦了,你的意志举动都甚合我意,我不是你的敌人,绝不会阻止你;第二,我的"劳"其实是承认了你楚国的合法性,你的祖先不是一直在寻求"体制认同"吗?今天,我给你了;第三,我虽然已经衰落,但是体面还是在的,你最好不要太过分了。

这么多层意思,那么被派来执行这个"劳"的使命的王孙满,一定要有

鼎(青铜器全形拓)

怎样的特质？心眼明澈、外柔内刚、言辞辩利、有礼有节、进退有礼、不卑不亢……总之，一定得是个人才。

果然，弱者才会小心翼翼、百转千回，作为强者的楚庄王根本没在意这些，连寒暄都没有，连野心都懒得隐藏，**楚子问鼎之大小轻重焉**。直接询问九鼎的大小轻重。

我们现代人不免会疑惑：怎么问了这么个问题？

"九鼎"是大禹用天下九州进贡来的铜铸造而成，这九鼎就因象征着大禹君临天下的威势和他非凡的文治武功，成为了夏王朝的镇国之宝。之后夏、商、周三代相传，犹如后世传国玺。所以后代帝王都将九鼎视为王权的象征，认为夺得九鼎就拥有天下。

所以楚庄王直接向王孙满问"九鼎"的大小轻重，所有人都明白，这是在显示：欲以威逼取天下。

 避实就虚的反击

对曰："在德不在鼎⁽¹⁾。昔夏之方有德也，远方图物⁽²⁾，贡金九牧⁽³⁾，铸鼎象物⁽⁴⁾，百物而为之备，使民知神、奸⁽⁵⁾。

（1）在德不在鼎：有天下者，在有德不在有鼎。

（2）图物：图画山川奇异之物。图：动词，画的意思。

（3）贡金九牧：九州之长贡献金属品。

（4）铸鼎象物：以九州之金，铸为九鼎，而著图物之形于其上。

（5）使民知神、奸：图鬼神百物之形，使民尽知鬼神奸邪形状。

看王孙满怎么回答？

王孙满懂得楚庄王的心意，所以毫不回避也绝不动摇，一语道破：**在德不在鼎**，王朝的兴亡在于德政，而不在于鼎的大小。一语击破楚庄王的问鼎野心，后世评论这一句，"立论如金石，坚不可摧"，的确可以给一直靠武力征伐攻取、靠谋略心机争胜的楚庄王一个愣神。

之后，王孙满稍稍收回机锋，你不是问鼎吗？我就来跟你说说鼎的事。**昔夏之方有德也**，从前，夏朝实行德政的时候，**远方图物**，远方各地把他们那里的奇异之物绘制成图，进献给朝廷。**贡金九牧**，就是"九牧贡金"，"九牧"指天下九州的长官。长官称为"牧"，刘备就做过"豫州牧"。九州的长官也都把金属品贡献出来。**铸鼎象物**，禹王于是把这些金属品做成九鼎，上面铸出各种奇物的图像，**百物而为之备**，所有的奇物都铸在上边，**使民知神、奸**，目的在于让百姓都知道鬼神妖怪的形状。

故民入川泽、山林，不逢不若⁽⁶⁾。螭魅罔两，莫能逢之。⁽⁷⁾ 用能协于上下，以承天休⁽⁸⁾。

注释 ZHUSHI

（6）若：顺也。民知神奸，故不逢不顺。

（7）螭（chī）：山神，兽形。魅，林中的怪物。罔两，水中的精怪。《说文》云："罔两，山川之精物也。"逢，遇。既为之备，故莫能逢人为害。

（8）以承天休：民无灾害，则上下和而受天祐。

这样做的目的是什么呢？目的是保护百姓，上应天道。

故民入川泽、山林，不逢不若，所以，那时百姓进入川泽、山林，不会遇到不顺利的事情。因为那些神邪，都被刻画在鼎上了，百姓自然不会被他们魅惑了。螭魅罔两，莫能逢之。山川木石的妖怪，人们就不会遇到他们。"螭魅罔两"现在一般写作"魑魅魍魉"，具体来讲，"魑魅"是山林里的神兽，"魍魉"是水里的精怪。总之，因为铸造了"九鼎"，这些神兽鬼怪统统都不能祸害百姓了。用能协于上下，以承天休，因此，国家上下和睦，都能承受上天所赐予的福分。

桀有昏德，鼎迁于商，载祀⁽⁹⁾六百。商纣暴虐，鼎迁于周。德之休明，虽小，重也。⁽¹⁰⁾其奸回昏乱，虽大，轻也。⁽¹¹⁾天祚明德，有所底⁽¹²⁾止。

（9）载祀：年。《尔雅·释天》云："夏曰岁，商曰祀，周曰年，唐虞曰载。"

（10）虽小，重也：鼎非加大，而不可迁移，若增重然。

（11）虽大，轻也：鼎非加小，而汤武迁之，若遂轻然。

（12）底：致也，言有尽头处。

当然，三代的确有天命的变迁。桀有昏德，鼎迁于商，夏桀有昏乱的行为，九鼎就迁移到商朝，载祀六百。商朝保持六百年。商纣暴虐，鼎迁于周。后来商纣王暴虐无道，九鼎又迁移到周朝。

不过，这种天命的改变恰恰可以看出以下真理，就是：

德之休明，虽小，重也。德行如果美好清明，鼎即使很小，也是很重的；其奸回昏乱，虽大，轻也。德行如果奸邪昏乱，鼎即使很大，也是很轻的。天祚明德，有所底止。上天保佑德行高尚的人，也是有限度的。

所以，有德的君主才配拥有九鼎与天下，不是凭借武力、霸道就能夺取的。

西周青铜三足鼎

成王定鼎于郏鄏（jiá rǔ），卜世三十，卜年七百，天所命也。周德虽衰，天命未改。鼎之轻重，未可问也。"

那么问题来了：周王现在这个懦弱无能纲纪败坏的样子，就有德了吗？他还配拥有"九鼎"吗？这个话楚庄王没问，可王孙满是什么人，你还在心里存疑呢，我就在你问之前先回答了你，没错，我就是比你自己还了解你！

成王定鼎于郏鄏，成王定鼎于郏鄏的时候，"郏鄏"就是现在的河南洛阳。卜世三十，卜年七百，曾占卜过，可以传代三十，历年七百，天所命也。这是上天的意旨。周德虽衰，天命未改。现在周朝的德行虽然衰落，可是天命还没有改变，鼎之轻重，未可问也。关于九鼎的轻重，也就不必询问了！

这才是王孙满的最后一击。鼎的轻重取决于德的轻重。若"霸"而无"德"，你还不配问鼎！

虽然结合春秋战国时代的历史来看,"德"和"天命"之说未免迂阔空玄,但在那时,这话无异于一盆冷水,浇灭了楚庄王的野心。

铿锵有力、振聋发聩的"在德不在鼎",让王孙满名垂青史。而被他婉封其口的楚庄王,也是一言不发,收兵回国。

王孙满如此利口善辩、精彩绝艳,为什么没能够复兴周王室?

其实,从王孙满目力所及的齐桓、晋文、楚庄,到嗣后称霸的吴、越,甚至推及灭六国的秦皇,哪一个不是以"力"得天下?但哪一个不是因德不配位,而"其兴也勃、其亡也忽",而"戍卒叫、函谷举"?

"兴亡在德不在鼎,楚子何劳问重轻。"以王孙满之贤与明,却无奈生不逢时。从平王东迁,周王朝山河日下,至此已几乎无"力"可言。大厦将倾,独木难支。但无论如何,能于"强力"横行时振臂一呼,也值得景仰与赞佩,不是吗?

子产死后，孔子为什么哭？

《左传·子产论政宽猛》

少年柱石

大家知不知道孔子的"男神"是什么人?

是子产。

子产生活在春秋后期的郑国,是孔子尊敬的少数几位人物之一,可以说自周公之后,孔夫子最推崇的人物就是大他三十来岁的子产。

子产崛起于鲁襄公十年(公元前563年)郑国的一次大型内乱,他的父亲子国当时任郑国司马,在这次叛乱中被杀,同时被杀的还有宰相子驷、司空子耳。盗贼还攻入王宫,挟持了当时的郑简公。

在身负深仇、国家危亡间不容发的大考验时刻,我们来看,还很年轻的子产做了什么?——他有条不紊地部署:布置守门卫士,分配好各种职务并找出负责的人,然后"闭府库""慎闭藏""完守备",做完这一切之后,发兵攻贼,为父亲收尸。

你看他多么冷静而从容,完全不像个父亲刚刚被杀的年轻人。

乱事平靖之后,取得执政大权的子孔想要发动屠杀,进而独掌政权,但被子产一番说理挡了下来,他说:"子得所欲,众亦得安,不亦可乎?"(您得到了所需要的东西,大伙也能够安定下来了,这样不是也可以了吗?你够了吧。)这段话中,最见子产本色的是他毫不客气指出子孔正是这场动乱最大获利者。事实上,子孔确实事先知情,默许了内乱发生,本来就打算趁机在动乱后专权。子产对这一切了然于胸,但是他并没有被私仇蒙蔽,而是立足于国家稳定的大局,冷静清晰地分析了当时的形势,最后说服子孔公开烧掉相关文书资料让人心安定,一刀切下,到此为止——包括他父亲的死和心中的仇恨。

这件事仿佛预演了日后子产执政的一生,理性、冷静、准确、缜密,心思安定澄明,提前想事情做预案,任何细节都掌握得清清楚楚。

然而,他生在春秋后期的郑国。

郑国处于北方晋国和南方楚国的夹缝地带,经常受到侵略。子产为政三十多年,做宰相二十多年,在此期间,北边的晋国换了五个国君,南方的楚国也换了五个国君,这两个大国只要有一点不舒服就会找郑国的麻烦,晋国和楚国争霸中原,前前后后打了两百多年,包括三场在当时算是"世界大战"级别的战争。因为晋楚相争,郑国成为了战略要地:楚国不高兴了,要来兴师问罪;晋国不高兴了,也来兴师问罪。郑国没有什么办法,只好卑言屈辞,承认二位都是领导,都是霸主,墙头草两边倒地给他们烧香磕头进贡。可这样下来的结果只能是民不聊生,老百姓负担相当重,苦不堪言。

同时郑国国内也不消停。郑国和鲁国一样,都是大夫专政,几家执政者把国家的公有财产瓜分一空,在子产为相之前,有五六代国君都是死于内乱,被权臣杀死。郑国的内斗是非常激烈残酷的,比鲁国厉害多了。

如果用一句话定义子产就是:子产,是想尽一切办法,让他这个不幸的小国家可以生存下去的人。

郑国的生存纵深不大,不是一个经得起失误的国家,甚至还不是一个太能穷究是非善恶的国家。

这样的国家,愣是在子产的治理下,局势扭转了。我们在《左传》里,可以看到子产为政艰难,但政绩卓绝,他的本事可说超越了管仲,也超过了齐国的晏子,更超过了秦国的百里奚。因为其他那些国家都是大国,有一定实力。而郑国是一个中小型国家，处于被动挨打的局面，子产能够把国家的颓势扭转过来，在当时的诸侯中不失尊严，并获得一定地位，确实了不起。

在国内，子产发布了土地私有令，颁布了刑法，并且在赋税上实行改革。

子产施政这一系列准确、精密、理性的分解和考量，很自然会让人感觉严格、感觉无情，因此他的执政很容易招来误解。在鲁襄公三十年（公元前543年，当时孔子应该才九岁大），也就是子产执政第一年，郑国民间流传着辱骂他的歌谣：谁来帮我把子产这家伙给宰了，我所有的田地衣裳全送给他呀。可三年后，歌词改了：我有小孩子产帮我教养，我有田地子产让它增产，万一子产死掉了，有谁能继承他呢？这就是变化。

那么，子产的为政心得是什么呢？在临终前，他对儿子大（太）叔有过一番交代，这就是我们今天学习的《子产论政宽猛》。

 子产的临终嘱托

郑子产有疾，谓子大叔⁽¹⁾曰："我死，子必为政。唯有德者能以宽服民，其次莫如猛。⁽²⁾夫火烈，民望而畏之，故鲜⁽³⁾死焉；水懦弱，民狎⁽⁴⁾而玩之，则多死焉，故宽难。"疾数月而卒。

（1）子大（tài）叔：游吉。
（2）此句两语，是子产治郑心诀。
（3）鲜（xiǎn）：少。
（4）狎（xiá）：轻。

郑子产有疾，谓子大叔曰：郑国宰相子产生病了，已经病入膏肓，即将走到生命的尽头。重病当中的子产对儿子大(太)叔说:我死,子必为政。我死了,你必然会继承我的职位,来掌管国家的政事。那么怎么施政呢?你记住,就是"宽猛相济"。

唯有德者能以宽服民,其次莫如猛。只有德行高尚的人,才能用宽政宽容的姿态使人民服从,而德行较差的人治国,就不如严厉一些,施政以猛。《古文观止》评价说:"两语,是子产治郑心诀。"具体是什么意思呢?子产进一步说,为政的"宽猛"可以用"火与水"来比喻:夫火烈,民望而畏之,故鲜死焉,火性猛烈,人们远远望见就会害怕它,所以很少有人被烈火烧死;而水懦弱,民狎而玩之,则多死焉,水性柔弱,人们常常在接近时忽视了它的危险,因此被水淹死的人就很多。所以两者相比,故宽难,实行宽政是不容易的。疾数月而卒,子产病了几个月后就离开了这个世界。

"心太软"是不行的

大叔为政,不忍猛而宽。郑国多盗,取人于萑苻之泽⁽¹⁾。大叔悔之,曰:"吾早从夫子,不及此。"兴徒兵以攻萑苻之盗,尽杀之,盗少止。⁽²⁾

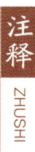

(1)取人:劫人取其财也。萑苻(huán pú):泽名。"苻"即"蒲"字,《释文》:"苻音蒲。"芦苇和蒲草。泛指水草。

(2)尽杀之,盗少止:唐孔颖达《春秋左传正义》:"既言尽杀之,复云盗少止者,盖谓尽萑苻之内盗也。少止,谓郑国余处之盗由此少止。"

果然,大(太)叔继任了郑国国卿。然而大叔为政,不忍猛而宽,这人心软,不忍心施猛政,觉得还是与人为善好,所以施宽政。结果怎样?虽然子产为了郑国内政外交可谓竭忠尽智、筚路蓝缕，可他一死，这个国家积久的沉疴复起：**郑国多盗**，郑国的盗贼多了起来，土匪是占山为王的，但郑国所处的地方是中原之地，就是今天的河南，山少，所以这帮土匪就聚集在沼泽地里。**取人于萑苻之泽**，他们劫人取其财，在水草之间。

一帮土匪聚集在这片沼泽地里劫人取财，不知道为什么，这件事现在被很多人描述成了"郑国奴隶在萑苻泽聚众反抗郑国统治者的起义作战"。对此，我不予置评，这里只是从治国为政宽严的角度来看，《左传》的逻辑是：国政宽泛，造成郑国盗贼横行，到了必须出动国家正规军队进行剿灭的程度。

到了这个地步，大（太）叔非常后悔：**"吾早从夫子，不及此。"** 假如我早听老爸的话，怎么会至于闹到今天这步田地。这里注意，他称呼自己的父亲子产为"夫子"，有两个意思，一是古时对男子的尊称，另一个就是老师。从大（太）叔的这个称呼可以看出，他对父亲不只是亲情，还把他视为前辈、视为老师。所以我们可以好好体会一下大（太）叔的悔恨之情：**吾早从夫子，不及此**。

事到如今只能使用雷霆手段，**兴徒兵以攻萑苻之盗**，动用"徒兵"，就是徒步之兵、步兵，一方面"萑苻之泽"无法使用战车；另一方面，郭沫若在《中国史稿》第二编中提到，这个时候"甲士和车战降到次要地位，徒兵和野战上升到主要地位"。出兵剿匪，**尽杀之**。将萑苻之盗全部杀死，**盗少止**。余处之盗也由此少止，收敛了气焰。

我们看子产执政心诀和大（太）叔执政措施，似乎都是"宽猛相济"的，但细细品读《左传》原文，就会发现大大的不同。

子产说，政策的宽猛譬如水火之别：火性猛烈，人们因为害怕它反而很少被烧死；而水性柔弱，人们常常会忽视它的危险之处，因此被淹死的人反而很多。在这个比喻之中，"民"即百姓的生命是被放在第一位的，在这个

"以民为本"的前提下，执政者再去考虑政策宽严的选择：<mark>唯有德者能以宽服民，其次莫如猛</mark>。你自己掂量一下自己是不是德行高尚者，如果觉得自己德行不够的话，还是"莫如猛"。所以子产的思路是：大前提是"保民""以民为本"，在这个前提下再冷静清醒地估量自己的资格，最后再选择政策的宽猛。可见子产所说的猛，实际是为了预防犯罪，指立法要严。但他还是把"宽"（德政）放在"猛"之上。这就是子产动人的冷静。他事事寻求准确无误，或许是他生于这样一个国家对自己的苛厉要求。

再看大（太）叔执政，虽然有父亲的劝诫，但他还是选择了"宽"，为什么？只是因为他自己心软：<mark>不忍猛而宽</mark>。所以他的"宽政"既不是出于自己德行的考量，更不是有着非常明确的"保民"目的，只是自己的感情用事，所以《古文观止》给他批了四个字：妇人之仁。后来果然出事了，国内盗贼猖獗，甚至嚣张到在"萑苻之泽"建立了根据地，以至于国家不得不出兵去围剿而"尽杀之"，这政策真够猛的了吧！但这个"猛"只是政局动荡之下不得不为之的暴力措施而已。

所以大（太）叔的治政，就是在"个人情感"和"外在局势"之间不断徘徊，缺乏更高远的目标，也没有清晰的为政理念。他的"宽"，不过是妇人之仁；他的"猛"，不过是权力的高压。在他"宽"的时候，百姓放诞无惧，沦为盗贼；在他"猛"的时候，百姓被残杀覆灭。

子产在郑国当政时，实行了很多严格甚至严厉的措施，所招致的误解和批评几乎一日未息。例如他"铸刑书"，把法律条文向民众颁布，引来了另一个大名人、也是晋国大夫的叔向的批判，他写了封信给子产，说："始吾有虞于子，今则已矣。"当初我对你是抱有希望的，现在没了。为什么？叔向说，老百姓若是知道法律是怎么回事的话，那就不再害怕统治者了。大家就不再谦让而是会竞争了，拿着法律文件找对自己有利的条款，都想着钻法律的空子图个侥幸，那国家就没法管理了。

而且，老百姓懂法了，就是他们相互较劲和向统治者叫板的开始，所以叔向称法为争端。大家都抛弃讲究上下尊卑的礼，而运用法律武器保护自己了，法律规定当中细枝末节的东西，人们都会拿过来跟你争，这就叫"弃礼而征于书"。

不仅叔向有了误解，子产在治政后期作丘赋，也就是改制增税，本来已经对他改变印象的郑国人民又急了，就到处说：你看他父亲已不得好死，如今他又像根毒蝎子尾巴一样四下刺人害人啦！郑国大夫浑罕劝谏不成，撂下一句优雅的狠话："国氏其先亡乎？"意思是子产这一脉会比别人先一步灭亡吧，直接翻译为白话就是绝子绝孙。

宽猛可以相济

仲尼曰："善哉⁽¹⁾！政宽则民慢，慢则纠⁽²⁾之以猛。猛则民残，残则施之以宽。宽以济猛，猛以济宽，政是以和。《诗》曰，'民亦劳止，汔可小康⁽³⁾；惠此中国，以绥四方'，施之以宽也。

（1）善哉：此为叹美子产为政。
（2）纠：犹摄也。许慎《说文解字》："摄，引持也。从手聂声。"段玉裁《说文解字注》："摄，引持也。谓引进而持之也。凡云摄者皆整饬之意。"
（3）汔可小康：汔，其。康，绥，都是"安"的意思。

真正从头到尾没怀疑过子产的可能就只有孔子一人。孔子感叹：**善哉！政宽则民慢，慢则纠之以猛**，子产的治政真是太好了！施行宽政，人民就怠慢，怠慢，就用猛政加以纠正，因为**猛则民残，残则施之以宽**，施行猛政，人民就受到残害，受到残害，再施行宽政。这样宽以济猛，猛以济宽，用宽政来补救猛政的缺失，用猛政来补救宽政的缺失，政是以和，政治因此就会平和。

在这段话里，孔子突出的词是"政""民""和"。对比自己大三十岁的子产，孔子深深地理解他保民爱民、以民为本的思想，并且还做了进一步的发挥：猛的目的是宽，宽的目的是"和"，宽和猛只是体恤仁爱的两面，恰如菩萨低眉、金刚怒目。

孔子接着说，《诗》曰，"民亦劳止，汔可小康。"《诗经》说："人民也是非常的劳苦了，希望能够稍稍得到安康。"《诗经》上还说："惠此中国，以绥四方。"爱抚中原地区的百姓，进而来安定四方。意思是告诉为政者施之以宽也，要施行宽政。

'毋从诡随，以谨无良；式遏寇虐，惨不畏明'，纠之以猛也(4)。'柔远能迩，以定我王(5)'，平之以和也。又曰：'不竞不绒，不刚不柔，布政优优，百禄是遒(6)'，和之至也。"

（4）此处引《诗经·大雅·劳民》释猛。诡随，谓诡人随人，无正心，不可从。谨，敕慎也。式，用也。惨，曾也。此言诡随者不可从，以谨敕不善之人，用遏止此寇虐，而曾不畏明法者。

（5）柔远能迩，以定我王：柔，安也。迩，近也。柔安远人，使之怀附，而近者各以能进，以安定我王室。

（6）布政优优，百禄是遒：优优，和。遒，聚。此句言汤政得中和。汤之为政，不太强，不太急，不太刚，不太柔，优优然而甚和，故百种福禄皆道聚也。

与此同时，毋从诡随，不要纵容诡诈善变的人，以谨无良，警惕他们的居心不良。式遏寇虐，要制止掠夺暴虐的行为。憯不畏明，遏止他们不畏明法的行径。"憯"，就是曾经的曾。所以必须要纠之以猛也，用猛政来纠正他们。'柔远能迩，以定我王。'怀柔远方的人使之归附，而近处的人民也可以各以才能进身，从而安定我们君王。平之以和也，这就是用平和的政治措施来使国家安定。

《诗经》上又说：不竞不絿，竞，强也。絿，急也。再加上不刚不柔，是说施政得中和，不太强，不太急，不太刚，不太柔，要布政优优，施政平和，这样才能百禄是遒，各种福禄聚归如流，而这就是和之至也，平和政治的极点。

仔细一点读《左传》，我们应该会同意孔子看到了子产为政更完整的事实，他总是始于严正、止于宽容，放过一个又一个连我们都觉得该惩罚的

子产像

人。宽容不是讨好，不是手段，从更深刻的角度来说，宽容是目标，因为宽容才是人与人之间最大、最好的可能。这就是"宽猛相济"真正的内涵吧。

冷静严酷也是仁爱

及子产卒，仲尼闻之，出涕曰："古之遗爱也⁽¹⁾。"

（1）古之遗爱也：言子产见爱，有古人之遗风也。

正是由于这种深刻的理解，**及子产卒，仲尼闻之，出涕曰**，三十岁的孔子听到子产去世的消息，流着眼泪说："**古之遗爱也。**"子产继承了古人仁爱的遗风！

孔子自己也是个准确而时时显得有些严厉的人。这里孔子用以称赞子产的"爱"和"仁"，都是柔软的、宽阔的、有温度的词，而且恰好都是和冷静严酷相反的用词，也是孔子心中最美丽的、最舍不得用于人的珍贵之词。

要知道，连管仲，孔子都是颇有微词的，而对子产，可以说，除了《左传》的作者，孔子极可能是中国历史上最热爱和敬重他的人——无论是治政还是为人。

 子产猜到大（太）叔会不听自己的嘱托吗？他为什么不耳提面命、再多嘱咐几遍呢？那样百姓不就会避免遭殃了吗？

  子产始终知道自己是严厉的，人自觉严厉意味着这里头有超过自己心性、硬生生做出来的部分。子产临终前，对接任他执政的儿子大（太）叔说："只有真正有德的人才能以宽服人，我们不得不严厉一些，像火一样，让人因此避开危险，而不是像水一样，仿佛狎昵可亲，但溺死的人远多于烧死的人不是吗？"

  子产大约猜到了儿子并不是真的就相信他的嘱咐，郑国果然也因此在他死后乱了好一阵子。可以这么说，不论是对历史走向的判断，还是对郑国未来命运的判断，或是对自己影响力的判断，以及对他人并不敢心存侥幸的心理等，子产都是很复杂苦涩的：他活着时，得勤勉地、时时用足全身力气才堪堪拉得住这个理应不断下坠的国家，但也只能做到这样了；可是他终究得松手，你留存给这个国家的力量始终会消失，不会及于子孙。这一点他心知肚明。千秋之下，唯有一声叹息。

你怎能阻止一条河

《国语·召公谏厉王止谤》

《国语》是一部怎样的书呢?

这篇文章选自《国语·周语上》。

《国语》又名《春秋外传》或《左氏外传》,相传也是春秋末年鲁国史官左丘明所撰。司马迁说:"左丘失明,厥有国语。"《国语》是我国最早的一部国别体著作。

《国语》全书二十一卷,时间起止约为公元前947年至前453年,记载了上起西周穆王、厉王直至东周襄王、景王、敬王时有关"邦国成败"的很多重大政治事件,反映了从西周到东周的社会政治变化的过程。记录了周朝王室和鲁国、齐国、晋国、郑国、楚国、吴国、越国等八国的历史。

召公也无法叫醒装睡的人

《召公谏厉王止谤》这篇文章选自《国语·周语上》,是召公劝谏周厉王的记录。

召公,也写作"邵公",名姬虎,是周王室的本家。在担任周厉王的卿士时,曾经几次劝谏厉王不要暴虐地镇压批评。

周厉王,名姬胡,周夷王之子,西周第十位君主,他的孙子就是宠幸褒姒、"烽火戏诸侯"的周幽王。二人都属于西周的末代君主。

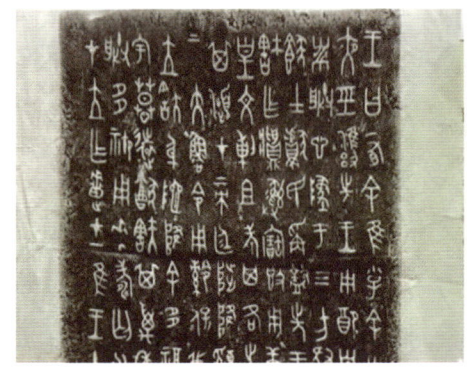 

铭文及㝬簋

在陕西宝鸡青铜器博物院里，陈列着商周时代分量最重的一件青铜器，叫"㝬（hú）簋"，造型凝重大方、装饰美观生动、做工精良考究，是周厉王为自我标榜而铸造的重器。这件器物上铸满了周厉王往自己脸上贴金的铭文，说什么他自己严守古训，拥护先王的既定方针，昼夜不敢安享欢乐，亲率官民祭祀祖庙，云云，真是极尽自吹自擂之能事。

事实上，周厉王（公元前878年—前842年在位）是中国古代一个有名的暴君。据记载，公元前858年，周厉王为了垄断天下的财货，颁布法令，严禁老百姓进山采集木材、下河捕捉鱼蟹，否则，必须交纳高额税金，美其名曰"专利"。

想当年周王朝刚建立的时候，周武王姬发曾经与天下盟誓，要将山川江河等利益与天下共享，也就是"共利"。而周厉王对这项基本政策进行了改革，将原本"共利"的资源收益权全部收回到周王室而"专利"。于是，诸侯、列国乃至庶民都认为周厉王太贪婪、太专断了，各种反抗也就接踵而来了（这个很好理解，动人家的奶酪，任谁谁都不高兴）。

就没有人告诫他吗？有啊！还不止一个，可他听不进去啊。我们来看《召公谏厉王止谤》的正文。

01 死人不会说话

厉王⁽¹⁾虐，国人⁽²⁾谤王。召公⁽³⁾告曰："民不堪命矣！"王怒，得卫巫，使监⁽⁴⁾谤者，以告，则杀之。国人莫敢言，道路以目。

注释 ZHUSHI

（1）厉王：周厉王，西周第十代王，周夷王之子，名胡，公元前878年至公元前842年在位。由于其暴虐无道，引起人民反抗，后被逐于彘（山西霍县）。

（2）国人：居住在国都里的人。

（3）召（shào）公：姬虎，周王朝卿士，谥号"穆"。召，一作邵。

（4）监：监视。

厉王虐，国人谤王。 周厉王暴虐无道，国都里的人都在咒骂他。

注意这里出现了一个概念，"国人"。它的意思不同于现在的人民群众，也不是专指下层被剥削者。这是西周封建制特有的一个概念。

话说西周时的封建，不是王室划定一块地方交给你、你去那边当君主就成了，要知道当地有大量的土著，不可能因王室一道命令就臣服于你。实际上封建之初，就是诸侯国主带着一队自己的人，在土著的包围当中建立一个自己的据点（城邑），住在里面，然后再向外拓展。这也就解释了为什么武王会把姜子牙封到最远的、民风最彪悍的齐地了，信任是一方面，关键是他最能打。

"国"，是城邑之意。"国人"本义很明显，就是指"居住在城邑里的人"，都是自己人、是利益共同体。国人与野人是相对的一个概念，那些居于鄙

你怎能阻止一条河

远、不能管制者，或者不能很好地管制的人，则统称为"野人"。

你看，周厉王把"国人"，就是自己人都得罪了，得罪到大家都开始咒骂他的程度。这很危险。

召公告曰："民不堪命矣！"召公告诉厉王说："现在这个舆论形势对大王您很不利，百姓忍受不了你的命令啦！"意思很明显：您是不是要反思一下，要考虑民意啊！可周厉王的反应完全不在这条逻辑线上：王怒，厉王很恼怒，为什么？百姓怎么能这样对待你们的王，简直是大逆不道，要翻天了吗？于是也没等召公继续说下去，就立刻断然采取措施：

得卫巫，使监谤者，厉王找到一个卫国的巫师，叫他去监视那些胆敢指责王的人。为什么是"巫师"来做这项特务工作呢？因为当时都认为巫可通神，不光能听出直接的诽谤，连言语暗示、微表情甚至仅仅在心里存有不满（腹诽）都可以查看出来，以告，则杀之。只要卫巫来报告，厉王就把那些被告发的人杀掉。结果国人莫敢言，住在国都里的人都不敢说话了，道路以目。熟人在路上相遇，也只能彼此互递个眼色而已。

王喜，告召公曰："吾能弭⁽⁵⁾谤矣，乃不敢言。"

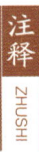

（5）弭：消除。

看到这种情形，周厉王很高兴，告召公曰，洋洋得意地告诉召公说，你看吾能弭谤矣，乃不敢言。我能够消除他们对我的毁谤了，你看这帮屁民终于不敢讲话了。

文章这一部分写"周厉王弭谤"用了四个字，一是"虐"，二是"怒"，三是"杀",四是"喜",暴君的面目就勾画得一清二楚了。厉王贯穿其中的逻辑就是:顺我者昌逆我者亡,他动用的手段是强禁舆论和铁血杀戮。

要说周厉王可真是一个人才,在中国乃至于天下历史上,他不仅开创了"专利"制度,更开创了"特务"制度,还开了"因言获罪"之先河,后代的所谓"东厂""西厂"等间谍组织,无一不是对周厉王的仿照和复制。

作为对立面的"国人"呢?开始是"谤",不过是口头上的不满而已;而在厉王的淫威之下,人们最后只能用"道路以目"来表达内心的愤怒和悲怨。这种被迫害的痛苦,就是借召公的口说出的"民不堪命"。

厉王之所以要"弭"谤,是由于"国人谤王";而"谤"的由来则缘于"厉王虐",可见乱由上作,导致社会动乱的真正原因是高高在上的专制君主。

02 舆论是一条河

召公曰:"是鄣⁽¹⁾之也。防民之口,甚于防川。川壅而溃⁽²⁾,伤人必多,民亦如之。是故为川者决之使导⁽³⁾,为民者宣⁽⁴⁾之使言。

(1)鄣:阻塞。
(2)溃:决堤泛滥。
(3)导:通畅。
(4)宣:疏导,开放。

面对这个洋洋得意的暴君,召公曰:"是鄣之也。"召公说:"你这样做,是堵塞了人们的嘴啊。"去堵住人们的嘴、实行舆论钳制是非常危险、也是非常愚蠢的行为。因为防民之口,甚于防川。这句话作为典型的历史教训,现在已经成了一句成语。"防"原意为边塞上修葺的土墙,这里是引申义,堵塞的意思。"川"是个象形字，字形像弯弯曲曲的河道，中间是流动的水。一条河，怎么可能堵得住呢？堵塞河流的后果非常严重，而封住人民的嘴，比堵塞江河的水更危险。川壅而溃，伤人必多，江河的水被堵塞，就要决口泛滥，被伤害的人一定非常多，民亦如之。禁止人们讲话也像这样。对百姓进行舆论钳制、剥夺国人的言论自由，短时间内看似人们都不再说什么了，但是对君王您的不满不仅没有消失，而且还越积越深，心中的愤怒也是越积越多，最终造成的结果真是难以想象。

所以正确的做法是为川者决之使导，善于治水的人要排除水道的壅塞，使它畅通；为民者宣之使言，善于治理人民的人，要引导他们能够把心里话讲出来。

故天子听政，使公卿至于列士(5)献诗(6)，瞽(7)献典，史(8)献书，师(9)箴(10)，瞍(11)赋(12)，矇(13)诵，百工(14)谏。

注释 ZHUSHI

（5）公卿至于列士：周王室官职分为公、卿、大夫、士四级。列士：士是下级官员，又分为上士（元士）、中士、下士，统称列士。位在大夫之下。

（6）诗：指有讽谏意义的民间诗歌。

（7）瞽：盲人。这里指乐师。因古代乐官多由盲人担任，故也称乐官为瞽。

（8）史：史官。

（9）师：少师，低于太师的乐官。

（10）箴（zhēn）：一种具有规戒性的文辞，箴言。

（11）瞍（sǒu）：盲人而无瞳仁者。

（12）赋：一说为有节奏地诵读。

（13）矇：盲人而有瞳仁者。

（14）百工：周朝职官名。指掌管各种工奴的工官。

那么，具体该怎么引导呢？下面一段，可谓是召公苦口婆心的谆谆教诲了。一共有四点：

故天子听政，所以天子处理政事，要使公卿至于列士献诗，公卿至于列士是周王室的各级各类官员，是统治集团的各级成员，天子统治，首先要让他们有机会有途径表达自己的意见和建议。

其次是要让瞽献典，史献书。这句话的意思是，我们要让音乐艺人敢于歌唱，用乐曲表达心声愿望，同时让史官能够引用古文献，来谈论他们对现实的见解。

第三是师箴、瞍赋、矇诵、百工谏。各级各类代表人民声音的人，也都可以优雅从容地进行表达。

庶人⁽¹⁵⁾传语，近臣尽规，亲戚⁽¹⁶⁾补察，瞽、史教诲，耆、艾⁽¹⁷⁾修⁽¹⁸⁾之，而后王斟酌焉，是以事行而不悖⁽¹⁹⁾。

注释 ZHUSHI

（15）庶人：没有官爵的平民。

（16）亲戚：一指君王的内外亲属，一指与天子有亲属关系的大臣。

（17）耆、艾：年六十叫耆，年五十叫艾。这里指年长有德的人。

（18）修：一说为劝诫，整治。

（19）悖：违背。

古代对盲人和音乐都很重视。《周礼》记载,"瞽矇"的职责是掌九德六诗之歌。就是说这些盲人器乐演奏家,以演奏各种乐器为职,也担负礼仪演出中的声乐部分,并在琴瑟等乐器伴奏下讽诵诗歌。为什么是盲人呢?历史上著名的盲人乐师是战国时晋国师旷,据说当师旷弹琴时,连动物都会侧耳倾听、翘首迷醉。其实师旷并非是天生的盲人,而是觉得眼睛外视容易使精神耗散,便刺瞎双眼。当然这只是个传说故事,但古人相信五色使人目盲,所以盲人更接近"不见可欲,其心不乱"的境界吧。

回到召公与周厉王的谈话现场,他给厉王提出的第四点建议是:**庶人传语,近臣尽规,亲戚补察**,百姓的议论辗转上达,左右近臣尽心规劝,宗室姻亲补过纠偏,**瞽、史教诲**,乐官史官施行教诲,**耆、艾修之**,元老重臣对天子经常劝诫。

而后王斟酌焉,然后再由天子亲自对这些来自方方面面的意见斟酌裁决。**是以事行而不悖**,只有这样,政事施行起来才会不违背民情民意,而民心就是天意。

总结起来,这一节是正面陈述,分成四点来阐述如何来让百姓说话。这里面又分几个小层次:"献诗""献典""献书",这是使王览读的;"箴""赋""诵""谏",这是使王聆听的。这些见和闻的内容,都是在正常情况下提供的一般性意见,是从正面指出一个做国王的应当怎样做。

下面的"传语""尽规""补察"以及带有小结式的"教诲"和"修",却是由于国王有了过失而进言,是在非常情况下不得不讲的特殊性意见,从反面指出做国王的一定不能怎样做。

你看召公的这番言辞,层次井然,有条不紊。如果"听政"的统治者真能把这些意见"斟酌"采用,自然会"事行而不悖",大治天下。

民之有口,犹土之有山川也,财用于是乎出,犹其有原隰[20]**衍沃**[21]

也，衣食于是乎生。口之宣言也，善败于是乎兴。行善而备败，其所以阜⁽²²⁾财用、衣食者也。

（20）原隰（xí）：原，宽广平坦之地。隰，低而湿的洼地。
（21）衍（yǎn）沃：衍，低而平的土地。沃，有河水灌溉的肥沃的土地。《左传·襄公二十五年》疏："衍沃并是平美之地。衍是高平而美者，沃是低平而美者，二者并是良田。"
（22）阜：增多，丰厚。

让人民把心中的想法"宣之使言"到底有多大好处？召公觉得还需推进一层，于是他继续用比喻来说明：民之有口，犹土之有山川也。人民有嘴，就像土地上有山有水一样，财用于是乎出。财富、器物才从这里生产出来。人民有嘴，犹其有原隰衍沃也，还犹如土地上有着广袤的原野、良田，衣食于是乎生，衣服食物才从这里产生，口之宣言也，善败于是乎兴。人民用嘴发表意见，国家政事的成功或失败就是从这里反映出来的，所以我们要认真倾听，行善而备败，做人民所赞成的事，防止人民所憎恶的事，其所以阜财用、衣食者也，这正是增加财富、器物、衣裳、食品的好办法啊。

这一节，召公以土地上有山川、原野和良田，来比喻民之有"口"。山川、原野、良田生产出人民赖以生存的"财用"和"衣食"，可见山川、原野、良田之重要。民之"口"能说出国家政事的善败好坏，推行人民认为好的，防范人民认为坏的，才是丰富财用衣食的关键，这是国家生死存亡、治乱兴衰的大事，可见民之"口"的重要。

03 堵住的河流会决口

夫民虑之于心而宣之于口，成而行之，胡可壅也？若壅其口，其与⁽¹⁾能几何？"

（1）与：追随者，同盟者。

夫民虑之于心而宣之于口，人民心里怎么想，嘴里就怎么说，**成而行之**，一旦心里考虑成熟形成认知，就会自然流露出来，所以就像河流自然要向前流淌一样，**胡可壅也？**怎么能堵得住呢？**若壅其口**，如果妄图用特务手段也好、铁血高压也罢，去堵住他们的嘴，那么，**其与能几何？**跟随君王您的人还能有几个呢！

此处召公在以水设喻、以土地设喻后，紧接着连用了两个反问句："夫民虑之于心而宣之于口，成而行之，胡可壅也？若壅其口，其与能几何？"又将论述从反面推进一层，把前面的论述和这两个形象的比喻融合成一股逻辑严密的强流，产生非常强的论辩力量。尤其是召公用水来比喻人民，发人深省。唐代的魏徵曾

召公像

用"水可载舟亦可覆舟"来比喻、劝谏唐太宗重视人民的力量，就是一个著名的例子。

王不听，于是国人莫敢出言。三年[2]，乃流王于彘。

（2）三年：周厉王于公元前842年被国人放逐到彘，据此召公谏厉王事当在公元前845年。

召公讲得又清楚又有力、又深刻又形象、晓之以理又动之以情，可惜周厉王是个昏庸的暴君，**王不听**，这样明显的道理就是听不进去。**于是国人莫敢出言**，从此，都城里的人没有一个敢讲话。三年之后（公元前842年）舆论的河流终于溃堤了，不让人民说话，人民就用行动说话了，**乃流王于彘**，国人起来反抗，把周厉王赶到彘地去了。厉王止谤的愚蠢行为也成为历代君主治国时必读的反面教材。

周厉王兴专利以振兴国家财政，难道不是富有经济头脑的改革家吗？虽然弄到全国"白色恐怖"有些过火，但国君努力维持一个国家的经济不也是可以理解的吗？

现在的确有一批人在替周厉王洗白。不过他们的这些质问忽略了后面一个更关键的问题：如果说他是改革家，那么他改革的目的是什么？是为了一己私利还是为了广大人民？动用特务钳制舆论，是为了王权淫威还是为了人民的幸福安康？所以，我们最好不要为了洗白而忘记了最重要的标准：以民为本。

《左传》称厉王"王心戾虐，万民弗忍"。

周厉王谥为"厉"，《逸周书·谥法》说："谥者，行之迹也。……大行受大名，细行受细名，行出于己，名生于人。"谥号是一个人行为、名声的反映，什么人谥号为"厉"？"杀戮无辜曰厉"（《逸周书·谥法》）、"犯政为恶曰厉"（《周礼·秋官司寇》），这就说明周厉王残忍杀戮过无辜的人民，或者推行过生发出恶果的政令。周厉王暴虐昏聩，也得到了应有的下场。作者记载这段历史，也是为了警告后来的统治阶级，应该多看看自己身上的缺点，多听听底层社会的意见，天下才能长治久安——归根结底一句话：以民为本。

这才是这篇文章真正的命意所在。

我来告诉你，人为什么要劳动

《国语·敬姜论劳逸》

敬姜是谁？

　　敬姜是一位孀居的贵族夫人，属于鲁国权臣"三桓"之中最大的一支"季氏"，是季康子的叔祖母，丈夫叫公父穆伯，儿子叫公父文伯。因为丈夫的谥号是"敬"，所以她被称作"敬姜"。

　　这篇文章选自《国语·鲁语下》，记述的是敬姜夫人教子的一番言论。通篇围绕一个"劳"字展开。列数了天子、诸侯、卿大夫、士的职责之劳，以及王后、官员之妻、百姓之妻的职责之劳。文章反复进行强调，教育儿子公父文伯，劳则善心生，逸则恶心生，因而上自天子下到庶民都应劳作，否则就会生淫致恶，毁家败业。

01　一个儿子的牢骚

　　公父文伯⁽¹⁾退朝，朝⁽²⁾其母，其母方绩。文伯曰："以歜之家而主⁽³⁾犹绩，惧干⁽⁴⁾季孙⁽⁵⁾之怒也，其以歜为不能事主乎！"

（1）公父文伯：名歜（chù），敬姜之子，春秋时期鲁国大夫，季悼子的孙子，公父穆伯的儿子。

（2）朝：古时候去见君王叫朝，谒见尊敬的人也可以叫朝。

（3）主：大夫或大夫之妻称主，此处指敬姜。敬姜是鲁大夫公父穆伯之妻，生公父文伯，早寡。

（4）干：冒犯。

（5）季孙：指季康子季孙肥，时任鲁国主持朝政的正卿，是季悼子的曾孙。敬姜是季孙的叔祖母，所以文伯这样说。

公父文伯退朝，公父文伯是敬姜的儿子，年纪轻轻就做了鲁国的大夫，在季康子手下做事。他下班回家第一件事是**朝其母，**一看，母亲在做什么？**其母方绩，**母亲正在纺线，"绩"这个字，说得再详细一些，就是"绩麻也"，纺织麻线。看到这个场景，文伯有些不高兴，他说，**以歜之家而主犹绩，**像我公父歜这样的人家，主母还要亲自纺线，**惧干季孙之怒也，**这恐怕会让季孙生气，这不是给我老板丢人吗？**其以歜为不能事主乎！**恐怕他会觉得我公父歜不愿意孝敬母亲吧！

公父文伯这段话里一直在突出强调的是"我公父歜这样的家庭"，这里面有一种强烈的优越感。当然这也是可以理解的，他是权臣的后代，年纪轻轻位列朝堂，家族荣誉感很强。《古文观止》对此评点说："只四字，便写尽淫心。""以歜之家"四个字写尽了这个贵族公子骄奢淫逸的内心。

对这个说法，我倒不完全同意，我宁愿相信，公父歜这么说，更多的是心疼母亲，觉得老人家还去纺麻线太辛苦。

 一个母亲的回答

其母叹曰："鲁其亡乎？使僮子备官⁽¹⁾而未之闻耶？居，吾语（yù）女。昔圣王之处民也，择瘠土而处之，劳其民而用之，故长王⁽²⁾天下。

（1）备官：做官，充任官职。
（2）王（wàng）：称王。

听儿子这么说，他的母亲长叹一声，说，**鲁其亡乎？** 我们鲁国是要灭亡了吧？此话怎讲？**使僮子备官而未之闻耶？** 让你这样的懵懂无知的小子充任官职，却不把做官之道讲给你听，这是怎么回事啊？你也是朝堂里的大夫，却说出这种话来，真的是太无知了。**居**，来，你坐下来，**吾语女**，我讲给你听。

前面儿子责备母亲的出发点是"家"，母亲敬姜发出感叹的出发点则是"国"，这就是格局。敬姜议论的起点和归宿，也都是"国"。这一点我们要记住了。

儿子坐下来之后，敬姜夫人首先从古代圣王开始谈起。**昔圣王之处民也**，"处民"就是安置百姓。过去圣贤的君王为老百姓安置居所，**择瘠土而处之**，总是要拣选贫瘠之地安置他们，**劳其民而用之**，让百姓劳作、使用他们，**故长王天下**，这样，君王就能够长久地统治天下。

夫民劳则思，思则善心生；逸则淫，淫则忘善，忘善则恶心生。沃土之民不材（3）**，淫也；瘠土之民莫不向义，劳也。**

（3）不材：不成才，无用。

这是为什么呢？难道圣王不是"以民为本"吗？怎么故意将贫瘠土地分

配给百姓呢？原因是民劳则思，思则善心生。老百姓要去劳作才会有体会、有思考，要思考才能懂得人生的困苦艰难，也才能体恤别人的付出和难处。

"劳"包括了勤劳、劳动、运动、思想等许多意义，所谓"君子劳心，小人劳力"，人在辛劳困苦的时候，对人生的体会自然会更真实、朴素，良善的心性容易发挥出来；相反，逸则淫，闲散安逸会导致人们过度享乐，"淫"是过度的意思，淫则忘善，人们过度享乐就缺乏感同身受的共情力，难免会滋生欲望、沉溺于欲望，会忘记对道德的追求、忘记美好的品行，忘善则恶心生，忘记美好的品行自然就会邪念丛生。

因此沃土之民不材，居住在沃土之地的百姓往往不成材，因为他们淫也，享乐过度，欲望膨胀了，瘠土之民莫不向义，而居住在贫瘠土地上的百姓，没有一个不追求道义的，为什么？劳也，就是因为他们不停劳作。

的确，一个人所处的环境过分安逸，就非常容易堕落。孔子说："爱之，能勿劳乎？"你真爱一个人，比如爱自己的孩子，就不能溺爱，太宠爱了就害了他。要让他"劳"，这个劳包括"劳力""劳心"，要让他知道人生的困苦艰难。人要是没有什么承担、不负什么责任，他的见识就不会增长，只会坐在一边，挑人家毛病，在那里抱怨批评、放马后炮。

是故天子大采（4）朝日（5），与三公、九卿祖识地德；日中考政，与百官之政事。师尹惟旅、牧、相（6），宣序民事；少采夕月（7），与太史、司载纠虔天刑（8）；日入监九御（9），使洁奉禘、郊之粢盛（10），而后即安。

（4）大采：五采礼服。国君于春季穿的五色彩衣。

（5）朝（cháo）日：春分朝祭太阳。

（6）师尹惟旅、牧、相：师尹，大夫。旅，百官。牧，各州的地方官。相，一说国相，一说为辅佐。

（7）少（shāo）采夕月：少采，国君于秋季穿的三色衣服。夕月，祭祀月亮。夕，夜间祭祀。

（8）与太史、司载纠虔天刑：太史，史官，古代编著史书兼管星历的史官。司载，负责天文事务的官员。纠虔，恭敬。刑，法。

（9）九御：九嫔，宫中的女官。

（10）使洁奉禘、郊之粢盛：禘，古时天子祭祀祖先的大典，也称大祭。郊，天子在郊外祭祀天地的典礼。粢（zī）盛：古代祭祀用的谷物。

下面这一段谈天子之劳。

是故天子大采朝日，天子在春分时隆重地祭祀太阳，**与三公、九卿祖识地德**，和三公九卿这些高官，熟悉了解"地德"，土地之德，指五谷的生长，也就是农业生产；**日中考政，与百官之政事**，每日日中，要考察政务，交代百官要做的事情。这样，**师尹惟旅、牧、相**，朝内的大夫和各级地方官员辅佐天子，进一步去**宣序民事**，安排各项事务，使百姓得到治理。

作为天子，还要**少采夕月**，在每年秋分穿三色礼服祭祀月神，**与太史、司载纠虔天刑**，和编著史书的史官、负责天文事务的司载，恭敬地观察上天显示的征兆。

日入监九御，日落便督促各级嫔妃们**使洁奉禘、郊之粢盛**，禘和郊都是国家非常重大的祭祀大典，在这些祭祀活动中，嫔妃们要负责清洁并准备好各种谷物及器皿，**而后即安**，然后才休息。

诸侯朝修天子之业命，昼考其国职，夕省其典刑，夜儆[11]**百工，使无慆**[12]**淫，而后即安**。

（11）儆：警戒。

（12）慆（tāo）：轻慢、怠慢、放荡。

下面讲诸侯之劳。

诸侯朝修天子之业命，诸侯们清早听取天子布置事务和命令，昼考其国职，白天考察自己邦国的事务，夕省其典刑，傍晚反复检查自己执行法令的情况，夜儆百工，夜晚诚训一众官员，使无慆淫，使他们不敢懈怠和放荡，而后即安，然后才休息。

卿大夫朝考其职，昼讲其庶政，夕序其业，夜庀(13)其家(14)事，而后即安。

（13）庀（pǐ）：治理。

（14）家：此处指古代大夫的封地。

下面讲卿大夫之劳。

卿大夫朝考其职，卿大夫清早统筹安排自己职责内的政务，昼讲其庶政，白天讲习处理政务，夕序其业，傍晚检点一遍当天的事务，夜庀其家事，夜晚处理他自己封地的事，而后即安，然后才休息。

士朝受业，昼而讲贯(15)，夕而习复，夜而计过无憾，而后即安。自庶人以下，明而动，晦而休，无日以怠。

（15）讲贯：讲解学习。

再下面是士之劳和庶人之劳。

士朝受业，昼而讲贯，士人在早上接受任务，白天讲习政事，**夕而习复，夜而计过无憾**，傍晚再复习，夜晚反省自己有无过错，直到没有什么不满意的地方，**而后即安**，然后才休息。

自庶人以下，从平民以下，**明而动，晦而休**，日出而作，日落而息，**无日以怠**，没有一天可以懈怠。

至此，敬姜从上而下、从天子讲到庶人，一层层列举了天子之劳、诸侯之劳、卿大夫之劳、士之劳和庶人之劳，这些都是社会上男子之劳。孔子说"生无所息"，《易经》说"天行健，君子以自强不息"，就是这样的意思。

03 母亲继续长篇大论

王后亲织玄紞⁽¹⁾，公侯之夫人加之纮、綖⁽²⁾，卿之内子⁽³⁾为大带⁽⁴⁾，命妇⁽⁵⁾成祭服，列士之妻加之以朝服，自庶士⁽⁶⁾以下，皆衣（yì）其夫。

（1）玄紞（dǎn）：冠冕上用来悬挂玉石的黑色丝绳。

（2）纮、綖（hóng yán）：纮，古代冠冕上的带子，由颌下挽上而系在笄的两端。綖，覆在冠冕上的布。

（3）内子：卿的正妻。

（4）大带：缁带，用黑帛做的束腰带，礼服上的腰带。

（5）命妇：有封号的妇女，此处指大夫的正妻。

（6）庶士：列士中第三等的下士也称为庶士。

男人们劳作不休，那么女人呢？敬姜夫人依然从上往下说：王后亲织玄紞，王后需要亲手编织君王冠冕上用来悬挂玉石的黑色丝绳，公侯之夫人加之纮、綖，公侯的夫人需要亲手编织公侯们的帽带（纮）以及覆盖帽子的装饰品（綖）。

王和公侯都有资格戴冕旒冠，这是他们身份的象征。他们的正妻都要亲自参与制作，这两句话可以看成是"互文"，虽然是两句话，可放在一起才能更全面地理解句意：也就是，王后和公侯之妻要亲手制作冠冕上的紞、纮、綖等部分。

卿之内子为大带，卿的正妻需要亲手用黑色的帛做礼服上的束腰带，命妇成祭服，所有贵妇人都要亲自缝制祭祀服装，再下一等，列士之妻，列士的妻子，加之以朝服，需要为丈夫做朝服。自庶士以下，庶士以下以及普通百姓的妻子们，皆衣其夫，都要给丈夫缝制衣服来穿。

在上一部分叙述"男事之劳"之后，敬姜夫人又分层分级讲述了"女工之劳"。讲"男事之劳"的目的是教导儿子公父文伯，讲"女工之劳"是在讲自己应该怎样做、做什么。

社⁽⁷⁾而赋事⁽⁸⁾，烝而献功⁽⁹⁾，男女效绩，愆⁽¹⁰⁾则有辟⁽¹¹⁾，古之制也。君子劳心，小人劳力，先王之训也。自上以下，谁敢淫心舍力？

（7）社：春社，春分节举行祭祀土地神。

（8）赋事：安排农桑一类事务。

（9）烝（zhēng）而献功：烝，本意是蒸汽上行，后指冬天的祭祀。献功，献祭收获之物。功，农业收成。

（10）愆：罪过，过失。

（11）辟：罪过，刑罚。

条分缕析地列举了各类人的劳作之后，敬姜夫人继续对儿子说，社而赋事，指春天祭祀土地神之后就要"赋事"了，接着开始耕地种田，烝而献功，献祭这一年辛勤劳作的收获物品，包括谷物和牲畜。人们就是这样从春忙碌到冬，男女效绩，男女都在冬祭上展示自己的劳动成果，愆则有辟，有过失就要治罪，古之制也，所有这些都是上古传下来的制度。

中华民族是勤劳的民族，我们的先民就是这样认真地、踏实地、不懈怠地度过了五千年，君子劳心，小人劳力，"劳"的是什么？就是"心力"二字，君子劳心，百姓劳力，所有人都要进行脑力劳动和体力劳动，先王之训也，这是先王的遗训。

这样的"古之制"、这样的"先王之训"，自上以下，谁敢淫心舍力？谁敢挖空心思偷懒呢？

劳动不仅是人生存的需要，也是人的一种本能。离开了劳动，个人就失去了在社会中存在的立足点，社会也就失去了其存在的基础。

今我，寡也，尔又在下位^{（12）}，朝夕处事，犹恐忘先人之业。况有怠惰，其何以避辟！吾冀而^{（13）}朝夕修^{（14）}我曰：'必无废先人。'尔今曰：'胡不自安。'以是承^{（15）}君之官，余惧穆伯之绝祀^{（16）}也。"

（12）下位：此处指大夫，在当时的贵族中地位较低。

（13）而：通"尔"，你。

（14）修：勉励。

（15）承：担任。

(16) 绝祀：断绝了祭祀人。

讲完这一番道理，敬姜夫人把思路拉回到眼前，拉回到和儿子谈话的起点。今我，寡也，尔又在下位，如今我守了寡，你虽然做了大夫，但在同列中地位较低，并不是什么了不起的大官，朝夕处事，早出晚归去上班处理政事，犹恐忘先人之业，尚且担心丢弃了祖宗的基业。况有怠惰，更何况心怀懈怠懒惰，其何以避辟，那怎么躲避得了罪责呢！——这是对儿子的提点和批评。

吾冀而朝夕修我曰，我真心希望你早晚都来提醒我说："必无废先人。"妈妈您一定不要废弃先人的传统。可是今天你却对我说，像你公父歜这样的家庭胡不自安，妈妈为什么不图自己安逸啊？你知道我有多失望、又有多恐惧吗？以是承君之官，以你这样的态度承担君王的官职，余惧穆伯之绝祀也，我恐怕你父亲穆伯要绝后了啊。

敬姜夫人起言说"鲁国要灭亡了"，结言说"你父亲穆伯要绝后了"，从国说到家，而且"俱作危言"，说得都特别吓人，的确是为了警醒儿子，但是不是"危言耸听""小题大做"呢？还真不能这么看。

宋朝的欧阳修在编写史书、总结前人事迹的时候有一句感慨："祸患常积于忽微，而智勇多困于所溺。"意思是人生中的祸患常常是从细微的事情中积淀下来的，人的智慧和勇气常常被自己所陷溺的事物所困。

由此看来，敬姜夫人并不是要吓唬儿子，而是表达了自己恳切而深刻的思考。

 孔子的赞扬

仲尼闻之曰："弟子志之，季氏之妇不淫⁽¹⁾矣。"

（1）淫：安逸。

难怪她受到了孔子的赞扬。仲尼闻之曰，孔子听说这件事后说，弟子志之，学生们记住，季氏之妇不淫矣，季家的老夫人不图安逸，非常可贵。

今天的问题来自多年前学生给我的留言，他说，公父文伯见其母绩，叹一句"以歜之家而主犹绩"，是怜其母操劳，发自纯孝耳（是怜惜母亲过分辛苦操劳，是发自一片孝心），而敬姜遂正襟危坐，危言耸听曰国将破家将亡，多么吓人！援引天子至于庶人，喋喋不休——吾未尝见女子如此坐而论道者，这个妈太唠叨了，刷新我的底线了……即便有，这儿子难道不会表面答应心里不服吗？

要回答这个问题，恐怕还要回到对《国语》这本书性质的讨论上来。从严格的意义上讲，《国语》并不是一部"史"，它的目的并不在于记事。《国语》的特点在于它是一部"语"，而"语"的本义是议论。所以《国语》本来是一部议论总集。古人进行教育的一种手段就是收集前贤有关政治、礼仪、道德等方面的精辟议论，把他们当作教材教给后人。

所以，我们不必把这篇文章视为真的有那么一天文伯看到母亲纺线，也不必理解成敬姜夫人真的就这么长篇大论喋喋不休,而应该理解为这是一篇劝诫子弟不忘勤劳的"训俭"议论,进而去研究其中的思想和思路就可以了,而不必追究是否合乎现实情境。

这也是之后几篇《国语》文章的读法。

恭喜你穷得叮当响

《国语·叔向贺贫》

"贺贫"的背景

今天的故事来自春秋末期的晋国,记录于《国语·晋语八》。主人公是当时晋国的大夫羊舌肸(xī),字叔向。

晋国是最早打破宗法制的诸侯国。公室的力量削弱,国君大量启用异姓贵族。

晋文公在城濮大战之前建立了上、中、下三军,每军两个领导人。三军的将佐,都叫作卿,合称六卿。

赵盾执政时,六卿开始进入晋国的权力中心。六卿之首的赵盾已经掌握了立法、刑狱、财务、人事等重要权力,成为国家的决策者。而太师、太傅等职位,则下降到执行者的行列。

晋平公即位时,原先的王室旧族只剩栾氏、祁氏、羊舌氏三支。能列入卿位的只有栾氏一家。但是栾氏继承人骄横暴虐,树敌甚多,不久,栾氏一族被灭。

当时,晋国大的卿族中曾经权倾一时的郤氏也被灭族了。还剩下六家,即范氏、中行氏、智氏、韩氏、赵氏、魏氏。可以说,晋国的执政权完全被六家卿族所垄断,开启了六卿专政的历史。而晋国王室对六卿家族已无力约束。

这篇文章中,叔向的谈话对象是韩宣子,即韩起,属韩氏一族,"宣"是

叔向（[东晋]顾恺之《列女仁智图卷》）

他的谥号，他在父亲韩献子（韩厥）死后世袭爵位，继任上卿。韩氏是六卿中的大族。

所以你看，叔向是晋的王室旧族，只做到了大夫；韩宣子是专政的"六卿"，而且是"上卿"，二人地位相差甚大。但是，叔向是蜚声国际的著名政治家，韩宣子虽然年轻且地位高于叔向，但虚心而真诚地受教，这也是这段对话之所以发生的关键。

01 为你的贫而道贺

叔向见韩宣子⁽¹⁾，宣子忧贫，叔向贺之。宣子曰："吾有卿之名，而无其实⁽²⁾，无以从二三子⁽³⁾，吾是以忧，子贺我何故？"

（1）叔向：羊舌氏，名肸（xī），字叔向，春秋时晋大夫。韩宣子：韩起，"宣"是谥号，春秋时晋国的卿。

（2）实：实际。这里指财产。

（3）二三子：这里指同朝的卿大夫。

　　叔向见韩宣子，宣子忧贫，韩宣子正为贫困而发愁，叔向贺之，叔向向他表示祝贺，祝贺你穷得叮当响啊！哪有这么道贺的！但韩宣子清楚地知道叔向是如何睿智深刻，索性把自己的烦心事原原本本地说了出来。宣子曰：吾有卿之名，而无其实。我只有晋卿的虚名，却无其实，这个"实"不是指的"实权"，前人注释说"实，财也"，宣子是说，我作为上卿，却没有和这个官位相匹配的财富。没有钱财，就显得寒酸了，无以从二三子，无法应付卿之间的礼尚往来、迎来送往，所以没办法参与六卿之间的社交，吾是以忧，我正因此发愁，子贺我何故？您却祝贺我，这是什么缘故呢？您得给我一个说法。

02　栾家三代的故事

　　对曰："昔栾武子无一卒之田⁽¹⁾，其宫⁽²⁾不备其宗器，宣其德行，顺其宪则，使越⁽³⁾于诸侯，诸侯亲之，戎、狄怀之，以正晋国，行刑不疚⁽⁴⁾，以免于难⁽⁵⁾。

（1）栾武子：栾书，"武"是谥号，春秋时晋国的上卿。一卒之田：百顷田地。这是上大夫的俸禄。上卿的俸禄应有"一旅之田"五百顷。古时五百人为旅，百人为卒。

（2）宫：居室。一本作"官"。先秦时住宅都称宫室，至秦汉以后，"宫"才专指帝王的住宅。

（3）越：超越国界，传播美名。

（4）不疚：没有弊病。

（5）难（nàn）：指对栾书杀死晋悼公事的追究。

于是叔向给韩宣子讲了两个家族的故事：栾家和郤家。他们都曾经煊赫一时，最后都被灭族。他们和叔向、韩宣子地位相当，属同一阶层；同时，他们的事迹离当今并不遥远，他们的灭族之鉴绝对称得上惊心动魄。

<u>昔栾武子无一卒之田</u>，首先是栾家，叔向从栾武子栾书讲起，当初栾武子很穷，百人为卒，所以"一卒之田"就是一百顷田地。这是法定的上大夫的俸禄，而卿的俸禄则是五百顷田地。也就是说，栾武子作为卿，俸禄还不及一个上大夫。而且<u>其宫不备其宗器</u>，这句话的意思是，栾武子家里连祭祀的器具都不齐全，但是他<u>宣其德行</u>，能够发扬美德，<u>顺其宪则</u>，执行法度，<u>使越于诸侯</u>，美名传播于诸侯各国，超越国界。怎么个"超越"法？<u>诸侯亲之</u>，各国诸侯亲近他，<u>戎、狄怀之</u>，附近的戎、狄部族都归附他，他也因此<u>正晋国，行刑不疚</u>，使晋国安定下来，公正地执行法度，让自己的执政没有任何弊病，而他和他的家族<u>以免于难</u>，因此而避免了灾难。

<u>及桓子⁽⁶⁾，骄泰⁽⁷⁾奢侈，贪欲无艺，略则⁽⁸⁾行志，假货居贿⁽⁹⁾，宜及于难，而赖武之德，以没其身。</u>

（6）桓子：栾黡（yǎn），栾书之子，任下军元帅，春秋时晋大夫。"桓"是谥号。

（7）泰：过分。

（8）略：干犯。则：指宪则，法度。

（9）居贿：囤积财物。

及桓子， 可到了他的儿子桓子栾黡这一代，作风就完全不同了，这个人**骄泰奢侈，贪欲无艺，** 骄傲自大，奢侈无度。**略则行志，** "略则"即干犯法度，或者理解成忽略宪则法度，而"行志"则是行自己的贪欲之志。同时他还**假货居贿，** 贷货取利，类似于放高利贷，以及"居贿"，囤积财物，谋取高价。一个国家的上卿，整天就是谋取私利、目无法纪、一心求财，**宜及于难，** 就该当遭到祸难，但是他父亲的德行太好了，福泽传给了儿子，所以即使儿子这么差劲，**而赖武之德，** 但依赖他父亲栾武子的余德，**以没其身，** 他得以善终。但他造成的恶果留给了儿子栾怀子。

及怀子(10)**，改桓之行，而修武之德，可以免于难，而离**(11)**桓之罪，以亡于楚。**

（10）怀子：栾盈，栾黡之子，春秋时晋国下卿。"怀"是谥号。黡死后，其母与人私通，诬告栾盈将作乱，被驱逐到楚国。后回国，身死族灭。

（11）离：同"罹"，遭受。

及怀子， 到了第三代怀子栾盈，**改桓之行，** 他改变他父亲桓子的行为，**而修武之德，** 学习他祖父武子的德行。按理说，这么好的孩子、这么上进的行为，应该**可以免于难，** 能够免除灾难，但是，**而离桓之罪，** 离，是"遭受"的意思，和屈原《离骚》中的"离"是一样的意思。这句话是说，怀子是好孩子，但却受到他父亲桓子的罪孽的连累，**以亡于楚，** 以至于只能逃亡出晋国，到楚国苟且偷生。栾氏自此在晋国政坛消失了。

栾氏三代，其兴其亡，一直在三个字之间："贫""德""富"，从栾氏一族得出的教训是：富贵不足喜，贫贱不足忧，德行为贵。

郤氏恃富而衰

夫郤昭子⁽¹⁾，其富半公室，其家半三军⁽²⁾，恃其富宠，以泰于国，其身尸于朝，其宗灭于绛⁽³⁾。不然，夫八郤——五大夫三卿⁽⁴⁾，其宠大矣，一朝而灭，莫之哀也，惟无德也。

（1）郤（xì）昭子：郤至，春秋时晋国的卿，因有军功自傲，和郤锜（qí）、郤犨（chōu）控制朝政，被晋厉公派亲信杀死，家族被诛灭。

（2）三军：晋国的军事编制。晋文公重耳开始实行上军、中军、下军的编制，每军万人。

（3）绛：晋国的国都，今山西翼城东南。

（4）三卿：即郤至、郤犨、郤锜，都是晋国的卿。

再看另一个煊赫一时的权贵家族——郤氏。夫郤昭子，就是著名的郤至，他作为晋国当时的卿，其富半公室，他的财产抵得上晋国公室财产的一半，其家半三军，他家的子弟在三军中担任将佐的占了半数。富贵如此、权势如此、显耀如此，谁人能及？谁与争锋？于是郤至恃其富宠，以泰于国，依仗自己的财产和势力，在晋国过着极其奢侈的生活。也就是说，郤氏富而无德。结果怎样？他和他的同族郤锜、郤犨被晋厉公派亲信杀死，家族被诛灭。其身尸于朝，其宗灭于绛，他自己在朝堂陈尸示众，他的宗族也在绛邑灭绝了。不然，如果不是郤氏自己富而无德的话，夫八郤——五大夫三卿，那么以当时郤氏的权势，八个姓郤的有五个做大夫、三个做卿，其宠大矣，他们的恩宠和势力够大了，可一朝而灭，莫之哀也，一旦被消灭，没有一个人同情他们，这是什么原因呢？惟无德也，就是因为没有德行的缘故。

总结一下，就是：如此煊赫的郤氏家族，却"一朝而灭"，灭得如此惨烈，而别人毫无同情，就是因为他们"富"而"无德"。

把郤氏和栾氏放在一起，可见：

（1）贫和富不应该是我们考察的重点，重点从来都是"德"。

（2）相比"贫"，"富"更容易造成"无德"，从而导致身死族亡；而"贫"却可能带来道德之修。

今吾子有栾武子之贫，吾以为能其德矣，是以贺。若不忧德之不建，而患货之不足，将吊不暇^{（5）}，何贺之有？"

（5）吊：吊丧。

叔向接着议论道，今吾子（您，敬称）有栾武子之贫，现在您有栾武子一样的清贫境况，吾以为能其德矣，我认为您能够继承他的德行，或者说您有一个机会可以向他学习修养德行，是以贺，所以才对您的贫穷表示祝贺。当然，若不忧德之不建，如果您对道德之不曾建树不表示忧虑，而患货之不足，却只因为财产不足而发愁，您的心智也好、眼界也好，只停留在这个层次的话，我将吊不暇，要表示哀吊还来不及，何贺之有，哪里还会祝贺呢？

你听听叔向背后的意思：第一，我看你资质不错、悟性不错，所以跟你讲一下这个道理。第二，这个道理一般人儿我不告诉他，你听着，这就是孔子说的"君子忧道不忧贫","贫"和"富"只是表面的问题、眼前的问题,身处高位,最重要的是"修其德",这样才可以保其身、保其家。

04 原来你是认真的

宣子拜稽首焉,曰:"起也将亡,赖子存之。非起也敢专承⁽¹⁾之,其自桓叔⁽²⁾以下,嘉⁽³⁾吾子之赐。"

(1)专承:独自承受。
(2)桓叔:名成师,号桓叔,是韩氏的始祖,晋穆侯之子。桓叔之子名万,受封于韩邑,称韩万。
(3)嘉:赞许。这里是感激的意思。

韩宣子果然听懂了,宣子拜稽首焉,于是下拜,并且向叔向行稽首大礼,说,起也将亡,赖子存之。起,是韩宣子的名字。意思是,我向您抱怨自己太贫穷的时候,其实正是我趋向灭亡的时候,就在这个时刻,您对我有了这一番教导,可以说是全靠您拯救了我。甚至非起也敢专承之,不但我本人蒙受您的教诲,其自桓叔以下嘉吾子之赐。"自桓叔以下"就是从我的祖先到我的后代子孙,都会感激您的恩德。

春秋末年，在各国出现了一批杰出的政治家，晋国叔向、郑国子产、齐国晏婴、吴国季札等。他们虽分属各国，但作为同一层次的知识分子，其特征有着惊人的一致。

所以他们能互相交好，彼此惺惺相惜，建立了学者、政治家的交谊，他们共同组成春秋末世杰出政治家群体。

能对他们这个群体进行一些评价吗？

叔向与同时代的各国贤能之士如晏婴、子产、季札都有交往。他们出使时常常会有来往拜会，但彼此又保持着自己思想的独立。即对于不同的政治取向，他们绝不会随声附和，总能鲜明地表述出自己的观点，若是能够取得共识，则皆大欢喜；如果话不投机，也会冷漠不屑，或是疾恶如仇、锋芒毕露。

最著名的，是郑国执政的子产将郑国的法律条文铸在象征诸侯权位的鼎上，向全社会公布，史称"铸刑书"。这马上引来了他晋国的好朋友叔向的严厉批评，叔向担心老百姓若是知道法律是怎么回事的话，那就不再害怕统治者了；大家就不再谦让而是会竞争了，拿着法律文件找对自己有利的条款，都想着钻法律的空子图个侥幸，整个社会的根本规范会往下降一大截，那些长时间慢慢形成的、属于价值信念的、更高尚更美好的东西，就会被挤压，整个社会就可能会变得粗糙而荒凉。他甚至对子产说："始吾有虞于子，今则已矣。"当初我对你是抱有希望的，现在没了。

而子产的回复，非常简短而谦卑："侨（子产名）不才，不能及子孙，吾以救世也，既不承命，敢忘大惠？"意思是，我知道这样做的弊端，但我必须这样做才能"救世"。这意味着子产是同意叔向的，他很可能也看到了叔向所看到的，也担忧叔向所担忧的东西，只是，叔向在大国晋，而他在小国郑，他们政治的命题不同。

晋平公十四年（公元前544年）吴国公子季札周游中原各国，在晋国和叔向一见如故，临行前对叔向说："您多努力吧！晋国现在国君奢侈，大夫也都很富有，恐怕权力以后会落入大夫之手。您为人正直，有必要防范灾祸的降临。"这一点叔向怎会不知，但是，他也清楚地知道，这是晋国"六卿专政"的必然结局，所以，在自己弟弟叔鱼被杀时他冷静理智，在自己被另一个弟弟叔虎牵连入狱时也理智冷静，在"像个精密机器"这一点上，叔向和子产又是如此相像。

这就是杰出政治家、杰出知识分子，和他们的友谊吧。

他们无一例外地都有"末世"智者的特质，他们的人生都"伴随着遗言"（汉娜·阿伦特语）。

从前面子产的话中我们可以清楚地看到，伟大的子产对自己身后的荒凉、郑国在自己死后的命运，一清二楚。

晋平公十九年（公元前539年），晏婴出使晋国，和叔向一同出席宴会。叔向向他询问齐国的命运。晏婴回答道："已经到末世了。齐国可能会落入陈氏的手中了。国君遗弃他的人民，让他们归顺于陈氏。"

叔向说："是这样啊，其实我们晋国也已经是末世了。平民贫困潦倒，而宫室却奢侈无比。公室几个家族的地位如同平民一般。政令都是出于六卿之家，人民无所依。国君从不知悔改，只知沉湎享乐来逃避。至于我羊舌氏一家，我没有儿子。公室无度，我能善终就是万幸了，还怎能奢求后代子孙的祭祀呢？"

叔向和晏婴的谈话情绪是低沉的，他们都对改变国家运势没有信心，心怀绝望。但可贵的是他们还是按自己的方式做出努力：晏婴想要改变现状，而叔向则力图维护传统。

至于子产，一生的努力不过就是延缓郑国的灭亡。

后来，果然田氏（即陈氏）取代姜姓得到齐国，韩、魏、赵三家瓜分了晋国，郑国亡于韩，国土最终并入韩国。

他的佩玉叮当作响

《国语·王孙圉论楚宝》

什么是宝物？或者宝物是什么？

真的很难回答。但对这个问题的回答，能够反映一个人、一个组织、一个时代的价值取向，这却是肯定的。王孙圉（yǔ）生活在两千多年前，他对于宝物的见解至今还给我们以深刻的启示。

王孙圉，楚国大夫，"为人机敏，善言辩，每出使诸侯，不辱使命"。

这篇文章选自《国语·楚语下》，时任楚国大夫的王孙圉出使晋国，和晋国权臣赵简子关于"宝物"发生了一段对话。

赵简子（？—前476年），春秋时期晋国赵氏的领袖，原名赵鞅，又名志父，亦称赵孟。这里的"简"是他的谥号，"子"是对大夫的敬称。

另外，他就是《赵氏孤儿》中的孤儿赵武之孙。晋定公时，赵简子为执政大夫。在其任内，颁行法制、致力改革、北伐齐国、复兴霸业，乃是晋国朝堂中有着绝对话语权的权臣。

赵简子时代的晋国，实际上就已大体形成韩、赵、魏与范氏、智氏、中行氏对立的局面。他雄才伟略，后世战国七雄中的赵国，在他手上逐渐成形。

我们熟悉他是因"中山狼"的故事，他的儿子赵襄子则是战国时赵国的创始人。

01　他的佩玉叮当作响

　　王孙圉聘于晋[1]，定公飨之[2]。赵简子鸣玉以相，问于王孙圉曰："楚之白珩犹在乎？"[3]对曰："然。"简子曰："其为宝也，几何矣？"

（1）王孙圉：楚国大夫。聘：访问。古代诸侯之间或诸侯与天子之间派使节问候。

（2）定公：晋顷公的儿子，姓姬名午，公元前511年至前476年在位。飨（xiǎng）：用酒食招待人。

（3）赵简子：晋卿赵鞅，又名志父。相（xiàng）：赞礼者。这里指在礼仪中辅佐国君。白珩（héng）：系在佩玉上面的横玉，形似磬而小。

　　王孙圉聘于晋，作为当时超级大国楚国的使臣，王孙圉到另一个超级大国晋国去访问。聘，甲骨文的字形表示奏乐、送礼，《说文解字》："聘，访也。"在这里表示诸侯之间派使节问候。**定公飨之**，晋定公设宴招待他。

　　这是一次高规格的国宴，初步取得"权臣"之位的、年轻的赵简子当然要出席了，**赵简子鸣玉以相**，赵简子作为晋定公的辅助，共同主持了这次国宾礼。不过，虽为助手，赵简子表现得非常潇洒高调，文章用四个字把他写活了："鸣玉以相"，赵简子礼服上的佩玉相触，叮当作响，非常引人注目——他自己也很享受这种引人注目。在席间，赵简子**问于王孙圉曰："楚之白珩犹在乎？"**你们楚国最出名的宝物白珩还在吗？**其为宝也，几何矣？**作为宝物，它现在的价值是多少了？

　　古代玉饰由很多组件构成，下图这一块横形的玉，下面可以附加各种玉

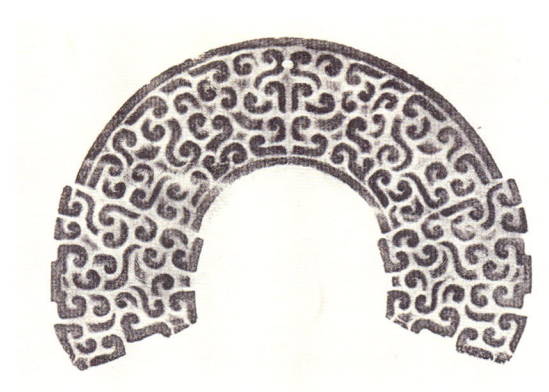

春秋时期玉龙纹珩

坠，这块横玉，就谓之"珩"。

从赵简子的行为以及他所问的内容，可以清楚地看到他这个时期的格局：一个超级大国晋国国君的助手，一个位列众官之上的权臣，举止轻浮，张口所问既不关乎两国邦交，也不关乎民生大计，而是你们国家的宝物现在值多少钱了。这一行一言，你给他下什么评语呢？

当然，你也可以用"阴谋论"的观点进行推断：赵简子是故意在楚国使臣的面前摆出这么一副"土豪"的嘴脸来炫耀，毕竟什么锅配什么勺，你们楚国蛮夷之邦，根本不值得认真对待。

可无论是哪一种，都给王孙圉出了一道题。相信从晋定公到晋国满朝臣子再到楚国使团的各位成员，大家都满怀着不同的心情，把期待的眼光投向了王孙圉。

你的环佩只是我们的玩物

曰："未尝为宝。楚之所宝者，曰观射父，能作训辞，以行事于诸侯，使无以寡君为口实[1]。

（1）观射父（guàn yì fǔ）：楚国大夫。训辞：指古代使节往来，相互应对的言词，即外交辞令。口实：话柄。

我们可以想象，一时之间，上上下下的目光都投向了王孙圉，斟酒的小臣停止了斟酒，乐队的盲琴师停止了歌唱，就在这重重关注之下，王孙圉沉着地说出了第一句话："未尝为宝。"他说，你口中那个价值连城的白珩，我们楚国从来未曾把它当作宝物啊！语气很轻，分量却很重。《古文观止》更是击节赞叹说："一句抹倒。"

王孙圉没有沿着赵简子的思路去回答他的问题，而是直接取消了他的话题：我跟你对"宝物"的标准不同。这句话一出，话题的掌控者就不再是赵简子，而是王孙圉了，用现在的话说就是：他成功地吸引了大家的注意。所有听众关心的不再是"白珩现在的价值"，而是"那真正的宝物是什么呢"。

王孙圉接着说，楚之所宝者，曰观射父，楚国所视为宝物的，是一个人，他的名字叫作观射父。这个人有何特殊之处？他能作训辞，善于辞令，以行事于诸侯，以此来辅助我们楚王交结诸侯，使无以寡君为口实，让诸侯国无法拿我们国君作话柄。

又有左史倚相⁽²⁾，能道训典，以叙百物⁽³⁾，以朝夕献善败于寡君，使寡君无忘先王之业；又能上下说乎鬼神⁽⁴⁾，顺道其欲恶，使神无有怨痛于楚国⁽⁵⁾。

（2）左史：官名。周代史官分左史、右史，左史记功，右史记言。一说左史记言，右史记事。倚相：人名，当时任楚左史。

(3)物：事。

(4)上：指天上。下：指地下。说；同"悦"，欢喜。

(5)道：同"导"。痛：恨。

当然，楚国之宝绝不止观射父一人，又有左史倚相，还有我们楚国的左史倚相，他就更厉害了。能道训典，能根据古代的"训典"，也就是典籍，以叙百物，来对各种事物进行说明，这是一个大学问家，就没有他不知道的。这位左史倚相特别忠于我们楚国，他以朝夕献善败于寡君，"以朝夕"就是"无论早晨还是晚上"，所以我们可以翻译成，他时时向我们国君提供前人的成败事例，使寡君无忘先王之业，让我们国君不要忘记先王的业绩，记住他们的雄心和创业的种种艰难；倚相在博学和忠君之外，还有一项类似后世《三国演义》里诸葛亮的本领：又能上下说乎鬼神，他还能沟通上天和地下，博得天地神灵的欢心，顺道其欲恶，顺应它们的好恶之情，使神无有怨痛于楚国，使天地之间的神灵都对楚国没有怨恨，都成为我们的朋友。这就厉害了。你看这两个人的存在，可以使楚国在天下诸侯中行得通，同时可以贯通历史，又可以与天地神灵建立友善关系。

又有薮曰云连徒洲⁽⁶⁾，金、木、竹、箭之所生也，龟、珠、角、齿、皮、革、羽、毛⁽⁷⁾，所以备赋，以戒不虞者也⁽⁸⁾。所以共币帛，以宾享于诸侯者也⁽⁹⁾。

(6)薮（sǒu）：湖泽。云连徒洲：即云梦泽，在今湖北监利县北。

(7)金：指铜、铁等金属。箭：箭矢。龟：占卜用的龟甲。珠：珍珠，古人认为珍珠可以用来防御火灾。角：兽角，用来做弓弩。齿：象牙，用来做珥。皮：虎豹等兽皮，用来做茵鞁（车垫子和马上盛弓器）。革：犀牛皮，用来做甲胄。羽：鸟羽，用来装饰旌（一种用五色羽毛装饰的旗子）。毛：动物的尾巴，用来装饰旗杆顶端。

（8）赋：兵赋，军用物资。戒：防备。不虞（yú）：意料不到的。

（9）共（gōng）：通"供"，供给。币帛：玉帛，古人用来馈赠或祭祀的礼物。宾：以宾客之礼招待。享：馈赠。

当然，我们楚国也有地理之宝，又有薮曰云连徒洲，又有一大片的湖泽湿地，叫作云连徒洲，也就是无数次出现在诗词文献里的云梦泽，在今天湖北监利县北。云梦泽几乎是我们楚国的"生宝地、聚宝盆"，这里产什么呢？金木竹箭、龟珠角齿、皮革羽毛，王孙圉一口气说出了十二种物品，每一种都是当时的重要物资，特别是军事物资、战略物资，所以备赋，以戒不虞者也，这些物产可以提供兵赋，预防"不虞者"也就是意外事件的发生；所以共币帛，同时，这些物产还可以作为"币帛"，就是用于馈赠或祭祀的礼物，用来干嘛呢？以宾享于诸侯者也，用以招待和馈赠诸侯。

若诸侯之好币具⁽¹⁰⁾，而导之以训辞，有不虞之备，而皇神相之，寡君其可以免罪于诸侯，而国民保焉。此楚国之宝也。若夫白珩，先王之玩⁽¹¹⁾也，何宝焉？

（10）好（hào）：喜爱。币具：礼物。
（11）玩：玩弄的东西。

王孙圉所列举的这三样宝物，都有非常大的用处。若诸侯之好币具，如果诸侯喜欢礼品，那我们就可以去云梦泽去取，同时外交专家观射父导之以训辞，再用和雅得体的辞令在各种外交场合加以疏通，有不虞之备，而皇神相之，有了预防意外事件的准备，左史倚相又可以使我们得到天神的保佑，这样一来，寡君其可以免罪于诸侯，我们国君也许可以不得罪于诸侯，而国民保焉，国家和人民也得以保全了。此楚国之宝也，所以这三者才是楚国真正的宝物。

你看，王孙圉以人才和物产为宝，着眼的是对国家、人民有利，这就与赵简子以玉为宝，讲究阔气非常不一样了。你不是问白珩吗？若夫白珩，先王之玩也，至于那白珩，不过是先王的一种玩物，何宝焉？为什么会以它为宝呢？它有什么可贵的呢？

我们的价值观不一样

圉闻国之宝，六而已：圣人能制议百物，以辅相国家，则宝之⁽¹⁾；玉足以庇荫嘉谷⁽²⁾，使无水旱之灾，则宝之；龟足以宪臧否⁽³⁾，则宝之；珠足以御火灾，则宝之；金足以御兵乱，则宝之；山林薮泽足以备财用，则宝之。若夫哗嚣之美，楚虽蛮夷，不能宝也。"⁽⁴⁾

（1）圣：1978年上海古籍出版社排印本《国语》作"明王圣人"。

（2）玉：指用于祭祀的玉器。庇荫：保护。

（3）宪：显示，表明。臧否（zāng pǐ）：吉凶。

（4）哗嚣：喧哗。这里指响声。蛮夷：我国古代对南方和东方各族的泛称。这里是王孙圉的谦称。

文章写到这里，本已意尽，可以结尾了。作者没有去写赵简子的反应，却又写了王孙圉对"什么是真正的国宝"这个问题的进一步发挥。他说，圉闻国之宝，六而已：我听说国家的宝贝，不过六种。

第一是圣人，圣人能制议百物，以辅相国家，则宝之，他们有才德，能创造、制定评判各种事物的标准，并能辅佐治理国家的人，我们把他们看作宝物。

第二种是用于祭祀的玉器，玉足以庇荫嘉谷，使无水旱之灾，则宝之，这些作为祭品礼器的玉，足以"庇荫嘉谷"，让庄稼很好地生长、保证好收成，使人民不受水旱灾害，我们把他们视为宝物。

第三种是用于占卜的龟甲，龟足以宪臧否，则宝之，龟甲能表明吉凶，我们把他们看作宝物。

第四种是宝珠，因为珠足以御火灾，则宝之，我们中国人认为，珠和龙的关系密切，《庄子》里说："千金之珠，必在九重之渊而骊龙颔下。"珠子是深渊中的骊龙吐出来的，能够防御火灾，我们把他们视为宝物。

第五种是金属，金足以御兵乱，则宝之，铜、铁金属作成武器，足以防御战乱，我们当然把他们看作宝物。

第六是山林薮泽，因为他们足以备财用，则宝之，足以供给财物用品，我们把它们看作宝物。

这是国家的六种宝物，至于赵简子您所提到的白珩那类东西，若夫哗嚣之美，不过是声音喧嚣的美玉，楚虽蛮夷，不能宝也，虽然我们楚国相比你们中原，是文明落后的蛮夷之邦，也不可能把这类东西当成宝物的。

一个国家应该看重什么呢？是人才，是土地、山水。因为古代认为某些玉石、龟甲、珠宝具有灵气，可以保家国百姓，所以也被看作宝物，但是，纯粹是装饰品的白珩，无论如何都不在宝物之列。

所宝唯贤，是本文之主论。

同时，回顾全文我们恍然大悟，其实王孙圉是以"鉴宝"为切入口，宣扬了楚国的实力、外交政策和治国标准，意思无非是表示楚国有的是能人，有的是物产，管理理念也很先进。一方面，楚国愿意和各诸侯国搞好关系；另一方面，楚国自身也有相当的武备和文治。这样，他就把谈话从一个低层次的话题，上升到高规格的外交辞令。

另外，我们还要注意品味王孙圉的回答语气，是多么从容机智。

在观点上，王孙圉旗帜鲜明，明确表达了和赵简子的对立，在外交场合维护了楚国的尊严，也批评了对方。

不过，他并不是直接批评对方，而是以谦逊的口气谈自己的看法。虽是反驳，却委婉得体，不失外交风度。结尾写道："若夫哗嚣之美，楚虽蛮夷，不能宝也。"这里的"哗嚣之美"，正是指文章开头写到的赵简子"鸣玉"，"美"而"哗嚣"，褒而含贬，这里面是有机锋的。可是最后他又自称"蛮夷"，谦逊的姿态十足，让对方发火不得。然而蛮夷之楚，尚"不能宝也"，堂堂晋国却以为宝，不是连蛮夷也不如了么？又是软中带硬，柔中有刚。

回顾全文，在王孙圉面前，赵简子"鸣玉以相"，然后不客气地问楚国白珩现在什么价儿了，简直太没有品味了，一国权臣活生生一副"土豪"炫富的嘴脸。但问题是，这个"土豪"他到底"土"在哪儿了？

土"在了眼界和格局上。

《论语·里仁》说："君子怀德，小人怀土；君子怀刑，小人怀惠。"按照朱熹的注释，君子和小人的区别，就在于公私的差别。以公共利益为念，便是君子；以私人利益为念，则是小人。当然这里的"小人"并不是"坏人"，只是格局眼界不够的普通百姓，他们"怀土""怀惠"算不上恶。

不过，孔子把"德"和"土"并列为一组对立概念，因为"土"着重的是器物方面，物产、物质，都是"土"的滋生物。所以，现在有人把那些只重物、不重德的炫富的、消费主义的有钱人叫作"土豪"，这恰恰与孔子所说的"小人怀土"同一个意思，很有趣。

"春秋三传"：对《春秋》的多元化解读

"吴子使札来聘"这个题目是《春秋》中的原文，鲁襄公二十九年（公元前544年），吴国派公子札访问鲁国，当时的吴王余祭（zhài）是公子札的二哥。"聘"，古代诸侯国之间派使者相问的一种礼节。

我们都知道，《春秋》叙事精简，粗看就是一部大事记，而事实上却蕴含着丰富的历史思想、政治哲学、道德批判，这就需要学者们对《春秋》的经文进行注释，这些注释的文字就叫作"传"。给《春秋》作传的主要有左氏、公羊氏、谷梁氏三家，称为"春秋三传"。据说另外还有邹氏、夹氏二家，但早在汉朝已失传。所以自汉至今，学者只借三传研读春秋。

我们就说流传下来的三家：春秋左氏传、春秋公羊传、春秋谷梁传，它们都是对《春秋》的注释，但三家却大大地不同。用现在流行的话来讲，就是体现了多元化的解读。其中《左传》侧重记载史实，更像一部历史学的著作，《公羊传》解释史实十分简略，而着重阐释《春秋》经文字里行间的"微言大义"，采用问答的方式来解经。

晋代范宁这样评说《春秋》三传各自的特色：

"《左氏》艳而富（文笔漂亮生动，资料丰富），其失也巫（其中多叙鬼神之事）。《谷梁》清而婉（清通而含蓄），其失也短。《公羊》辩而裁（富于思辨性，而且构思剪裁很用心），其失也俗（通俗、平庸，并不高明）。"

今天所流传的《公羊传》经传合并，是逐句传（zhuàn）述《春秋》经文大义的一部书。与《左传》以记载史实为主不同，写作方法多以设问、自答展开传述。今天我们讲的"吴子使札来聘"一文，就是《春秋》襄公二十九年经文中的一句，对此，《左传》的相关阐释是：讲述了吴公子季札出使鲁国，鲁国人为他表演周王室的乐舞。在演奏的过程中，季札点评其中乐曲，在鲁国人面前显示了他对礼乐的精到理解。

同样是对"吴子使札来聘"这句经文的解释，《公羊传》又是怎样写的呢？今天我们就来学一学。

季子第一次让国

吴无君、无大夫⁽¹⁾，此何以有君、有大夫？贤季子也⁽²⁾。何贤乎季子？让国也。

（1）吴无君、无大夫：吴国无儒家的君臣上下之礼。襄公十四年（公元前559年），吴与其他国家会盟，只称"吴"，不知其国君和大夫的名字。

（2）贤：赞许。季子：季札，春秋时吴王寿梦的幼子。寿梦想立他为嗣，他坚辞不受，封于延陵。寿梦死，让国给兄长诸樊。曾出使中原各国。

正文部分都是《公羊传》作者对"吴子使札来聘"这句话之"微言大

义"所作的传述和解释。首先，吴无君、无大夫，此何以有君、有大夫？这句话是说，吴国是夷狄之邦，无儒家的君臣上下之礼，所以可以说，吴国没有国君、没有大夫。但这句经文中，用了"吴子"这个词，就肯定了吴国"有君"，用了"聘"这个词，就肯定了吴国"有大夫"。要知道，这个故事发生的十五年前，即鲁襄公十四年，吴与其他国家会盟，只被称"吴"，并不知道其国君和大夫的名字。而在十五年后，《春秋》中的这个记载，明显就承认了吴国既有君主、又有大夫，为什么呢？文章解释道：贤季子也。意思是这样写完全是因为赞美季子的缘故。

吴国是夷狄，季子就是夷狄之邦的臣子，是夷狄之王的儿子，为什么他一个人就改变了一个国家，使吴国在诸侯心目中的地位得到了提高？

所以文章继续追问：何贤乎季子？为什么要赞美季子？让国也，因为他让出了君位。

其让国奈何？谒(3)也、余祭也、夷昧也，与季子同母者四。季子弱(4)而才，兄弟皆爱之，同欲立之以为君。谒曰："今若是迮(5)而与季子国，季子犹不受也。请无与子而与弟，弟兄迭为君，而致国乎季子。"皆曰："诺。"

（3）谒：即诸樊，吴王寿梦的长子。下文的余祭、夷昧，也是梦的儿子。

（4）弱：年少。

（5）迮（zé）：仓卒。

其让国奈何？说季子让出了君位，是怎么一回事呢？

季札有三位兄长：谒也、余祭也、夷昧也，与季子同母者四。谒、余祭、夷昧和季子，是同母所生的四兄弟。季子弱而才，兄弟皆爱之，季子年龄最小，却很有才能，哥哥们都喜欢他，他的父亲寿梦想立他为嗣，他坚辞不受，于是受封于延陵，这个地方在今江苏武进县境内。可是他的哥哥们同欲立之以为君，大家共同想立他做国君。

大哥谒就说了，今若是匆而与季子国，现在如果这样匆忙地就把君位交给季子，季子犹不受也，他还是不肯接受的。所以大家要想个办法：请无与子而与弟，咱们不要传位给儿子，而传位给弟弟，弟兄迭为君，我们四个兄弟依次做国君，而致国乎季子。就可以把国君之位传给季子了。皆曰："诺。"大家都说："这个主意好。"

至此，文章三问三答，将季札让国的事迹引出来。

02 第二次让国

故诸为君者，皆轻死⁽¹⁾为勇，饮食必祝⁽²⁾曰："天苟有吴国⁽³⁾，尚速有悔于予身。"⁽⁴⁾故谒也死，余祭也立；余祭也死，夷昧也立；夷昧也死，则国宜之季子者也。

（1）轻死：对死亡不在意。

（2）祝：祷告。

（3）有吴国：指保存吴国。

（4）尚：佑助。悔：咎，灾祸，这里指亡故。

谒的建议，很是义气深重。可是，三个哥哥轮番做国君，等到君位传到季札，即便季札还没老死，也应该老朽不堪，不久于人世了吧。为了显示自己的一番诚心诚意，故诸为君者，皆轻死为勇，这几个做国君的哥哥，都以视死如归为勇敢，并且饮食必祝曰，每次吃饭时一定祷告说，天苟有吴国，

来自蛮夷的圣贤　　141

上天如果想保佑吴国，让吴国存在下去的话，尚速有悔于予身，这句话理解起来有点难，这句祈祷的意思是，老天爷你帮帮我，快把灾难加到我身上吧！老天爷果然给了他们面子，故谒也死，余祭也立，大哥谒很快就死了，二哥余祭做了国君；余祭也死，夷昧也立，余祭很快也死了，三哥夷昧做国君；夷昧也死，则国宜之季子者也，夷昧很快也死了，吴国的君位就应该传到季子的身上了。这一年是公元前527年，季札49岁。

季子使而亡⁽⁵⁾焉。僚⁽⁶⁾者，长庶也⁽⁷⁾，即之。季之使而反，至而君⁽⁸⁾之尔。

注释 ZHUSHI

（5）亡：动词，在外未归。

（6）僚：吴王僚。又名州于，吴王夷昧之子。曾多次兴兵伐楚，后被专诸刺死。

（7）长庶：众子中最年长者。

（8）君之：以之以君，把僚当作国君。

自从父亲传位给大哥之后，15岁的季札就开始充当了吴国到中原各国出使的外交官，他以深厚的学识、贤能的美名，在中原各国掀起了一股强劲的吴国外交之风。当时的名臣，包括晋国的叔向、齐国的晏子，都很欣赏季子，特别是郑国的子产，一下子与季子成了莫逆之交。而且，季札和徐国的国君更是从少年时便开始了长达一生的友谊，成为可以和"管鲍之交"相媲美的一段故事。

三哥去世时，本该即位的季子使而亡焉，正出使在外，没有回来。僚者，僚出现了，他是刚去世的吴王夷昧之子，长庶也，他也是已故国君的儿子中最年长的，即之，他就即位做了国君。你看，这个时候，几乎全吴国，甚至整个世界都在看：季札会怎么办呢？季之使而反，季子出使归来，然后呢？至而君之尔，他诚心诚意地把僚奉作了国君。

这是季札第二次让国。

季札好窝囊哦！以他的地位和国际威望，回到吴国继任为君难道不是顺理成章的吗？如果第一次让位给兄长是礼、是高风亮节的话，和他祖上"泰伯让国"遥相呼应、一脉相传，可是第二次让位给侄子，又该怎样理解呢？难道他回国之后自己即位不是更符合礼制，而且更对得起三位哥哥吗？

我们试着解读一下：

首先，僚即位而成为吴王僚，已经成为了既定事实，如果季札回来即位，势必会引发冲突，即使不至于流血，也不免朝堂动荡。

其次，必然会有一批人期待季札回来即位，缘于礼义也好，缘于利益也罢，他们肯定备足了劲不打算善罢甘休，所以，僚等人的命运是很危险的。

那退一步来说呢，如果季札放弃即位而称臣的话，既保障了吴国王室的和平，消弭了各种潜在流血动乱，也保护了僚以及三哥夷昧一族的安全与荣耀，而他自己，依然可以继续之前的外交人生。

所以，从季札选择的结果来看，他绝对是放弃了个人的利益，而顾及到了他的国家的和平，以及他的亲人亲族。

 第三次……

阖庐⁽¹⁾曰："先君⁽²⁾之所以不与子国而与弟者，凡为（wèi）季子故也。将从先君之命与⁽³⁾，则国宜之季子者也。如不从先君之命与，则我宜立者也。僚恶⁽⁴⁾得为君乎？"于是使专诸刺僚⁽⁵⁾，而致国乎季子。

注释 ZHUSHI

（1）阖庐：又作"阖闾"，名光，吴王谒之子，派专诸刺僚，自立为君，曾灭徐破楚。后在吴越战争中被越王勾践射伤致死。

（2）先君：已经去世的国君。

（3）与（yú）：同"欤"。语助词。下文"与"字同。

（4）恶（wū）：怎么。

（5）专诸：春秋时吴国人。阖庐欲杀吴王僚自立，命他把短剑藏在鱼腹中，借着宴会献鱼的机会，把吴王僚刺死，他也当场被杀。

季札高风亮节，底下有一个人不干了，谁呢？阖庐，名字叫光，称为公子光，是季札的大哥谒的儿子，阖庐认为，先君之所以不与子国而与弟者，想当初我父亲他们之所以采用不传位给儿子而传给弟弟的方式，凡为季子故也。都是为了最终会传位给季子的缘故。将从先君之命与，如果我们听从先君的命令，则国宜之季子者也，那么君位就应该授予季子。如不从先君之命与，如果我们不听从先君的命令的话，则我宜立者也，那么我就是应该做国君的人，因为我是老大的儿子，僚是老三的儿子啊。僚恶得为君乎，僚怎么能做国君呢？怎么也轮不到他呀！可是僚已经继任国君了，而且季札也奉他为君了，怎么办？各位，如果是您，您会怎么办？

阖庐找到了一名刺客，名叫专诸，于是使专诸刺僚，于是便派专诸把僚刺死了，而致国乎季子。之后把君位交给季子。

这便是历史上著名的鱼肠剑专诸刺王僚的故事，在《史记·刺客列传》中有详细的记载。京剧《刺王僚》就是据此创作的。我非常欣赏其中王僚的几句唱词：

列国相争干戈厚，

弑君不如宰鸡牛。

虽然是御弟的恩情厚，

各自机来各自谋。

这几句唱词，揭示的恰恰是季札所处的整个时代的历史面相。也就是说，无论王僚的趁机即位，还是阖庐的买凶杀人，在当时都是再正常不过的事，反而是季札，在这样逐利、谋杀、血腥的时代背景下，显得如此不同。果真是不一样的烟火啊！

季子不受曰："尔弑⁽⁶⁾吾君，吾受尔国，是吾与尔为篡也。尔杀吾兄⁽⁷⁾，吾又杀尔，是父子兄弟相杀，终身无已也。"去之延陵⁽⁸⁾，终身不入吴国⁽⁹⁾。

注释 ZHUSHI

（6）弑（shì）：旧时臣下杀死君主或子女杀死父母称"弑"。

（7）吾兄：这里是"吾兄"之子的意思，指吴王僚。

（8）延陵：季札的封邑，在今江苏武进县境。

（9）吴国：指吴国都城。

现在阖庐虽杀了自己的弟兄，但他还是首先要把王位献给叔叔季子，来请季札继任吴王。王位第三次摆在了季札的面前。请问如果是您的话，您又会怎么做？

季子不受，季子坚决不接受。虽然让季子即位是吴国王族的愿望，然而这时的季子是万不可能踩着亲人的血迹登上吴王宝座的了。面对滔天的杀戮、血腥的氛围，非季子的贤明不能救吴国于纷乱之中。

他说，尔弑吾君，吾受尔国，你杀了我的国君，如果我接受你送来的君位的话，是吾与尔为篡也，这就相当于我参与你的阴谋，共同做了篡位的事。尔杀吾兄，你杀了我哥哥的儿子，吾又杀尔，我再杀你，是父子兄弟相杀，终身无已也，这就是父子兄弟相互残杀，一辈子都没完没了，没有结束的时候！所以去之延陵，季札离开了首都，到自己的封邑延陵，终身不入吴国，一生也没有再回都城。

人们常说"高风亮节""义薄云天"，"高风"与"云天"两个词语确是远非一般凡夫俗子可及，以季子而言，身为君王之胄，地位尊贵，三让王位，他所做的取舍必然关乎国家利益，所涉的风险也必然关乎宗族和国运的兴亡。季子虽深恨公子光的所作所为，但最终决定保全公子光的王位，要想制止杀伐，停止流血，这也是不得已的办法，季子自己不继位，也不能再让另一个侄儿牺牲流血。季子亲自去僚的墓前哭祭后，彻底放手吴国的事务，隐于自己的封地，终身没有再入吴国国都。这就是季子"仁"的一面。

《春秋》的"辩证法"

故君子以其不受为义，以其不杀为仁。贤季子，则吴何以有君、有大夫？以季子为臣，则宜有君者也。

旨在阐述孔子《春秋》"微言大义"的《公羊传》继续评论道：故君子以其不受为义，因此，君子便认为他不接受君位是义。以其不杀为仁，认为他不做互相残杀的事情是仁。而且，季札以他的人格光辉和道德魅力改变了吴国的国际形象。贤季子，则吴何以有君、有大夫？赞美季子，那么，吴国为什么就有国君、有大夫了呢？以季子为臣，则宜有君者也。因为在吴国，季子自认为自己是臣，所以这个国就应当有国君啊。也就是说，因为季札有贤德，所以季札被中原各国认可；因为季札是忠于吴国的臣子，所以吴国才被承认有了国君，而不再是被人轻视的蛮夷。

"札"者何？吴季子之名也。
春秋贤者不名[1]，此何以名？许夷狄者，不壹而足也。
季子者，所贤也，曷为不足乎季子？许人臣者必使臣，许人子者必使子也。

注释 ZHUSHI

（1）贤者不名：这里指"春秋笔法"。《春秋》作者对具有儒家德行的人，称他的字，或称子，反之称他的名，以示褒贬。同时，古代士大夫都有名有字，称字表示尊重。

文章最后又回到《春秋》原文的这句话上来：吴子使札来聘。前文一一解释了为什么吴王被称呼"吴子"，为什么用"聘"这么正式的字眼。接下来继续阐释，"札"者何？吴季子之名也。"札"字是什么意思？是吴国季子的名。但是这里又有问题了，因为《春秋》书上的贤者称字不称名，就是"贤者不名"，此何以名？

季子像

我们不是很赞许季札吗？这里为什么称名？因为许夷狄者，不壹而足也，赞许夷狄，不能因为它有一件好事，就认为一切都完美了。

文章接着写道：季子者，所贤也，季子是被赞美的人，曷为不足乎季子？为什么还认为他不完美呢？许人臣者必使臣，因为赞美人臣，要把他

来自蛮夷的圣贤

摆在臣的地位,许人子者必使子也,赞美人子要把他摆在子的地位。言外之意是,我们赞美季子的贤德,可他毕竟是个蛮夷,这一点不容忽视。

说实话,这几句话,我读来真是泄气,那种文化的优越感、自居主流的洋洋得意,真的足以让我们今天的人警觉。柏拉图说,人最大的罪是自我中心。每一种认识都有他的偏见,最伟大的文明也不例外。

全文层层设问,步步深入,以事实说明季札的贤、仁、深明大义,结尾以评论作结,回应篇首提问,阐明《春秋》之义,褒扬季札的美德。

尤其值得注意的是,本文最后在用语遣词上很委婉地指出季子夷狄的出身,这种语言手法就是所谓的"春秋笔法"。

季子以其自身的言行,对仁义进行了最准确的诠释,那么,到底何为仁义?

季子以他的所作所为,对仁义作出了完美的解释——君子以其不受为义,以其不杀为仁。

至今,在古延陵季子的封邑还存有"季子庙"。苏州名园沧浪亭中的五百名贤祠,供奉着东吴一带的历史贤达之士,而季子的牌位赫然列在众贤之首,可见在吴人心中,季子比自己的老祖宗——"让国于周"的吴太伯、仲雍还要伟大崇高。更令人感叹的是,吴国灭亡后,唯季子这支宗族得以保全而不断繁衍壮大,经百代千秋后,现今中国的吴姓国民皆奉季子为自己的先祖。克绍其德,克存其功。真的是其德天无不覆,其泽地无不载!

曾子的席子

《礼记·曾子易箦》

不聪明不等于不伟大

我们今天讲的《曾子易箦（zé）》，写的是曾参之死。选自《礼记·檀弓上》。

说起曾子，大家可能就会想到他的名言。曾子曰："吾日三省吾身，为人谋而不忠乎？与朋友交而不信乎？传不习乎？"翻译成白话就是："我每天必定用三件事反省自己：替人谋事有没有不尽心尽力的地方？与朋友交往是不是有不诚信之处？师长的传授有没有有所践行？"这就是曾子所说的"三省"。一是反省谋事情况，即对自己所承担的工作是否忠于职守；二是反省自己与朋友交往是否信守诺言；三是反省自己是否知行一致，即是否把学到的内容身体力行。

这样又可以进一步概括为两个方面：一是修己，一是对人。

对人要诚信，诚信是人格光明的表现，不欺人也不欺己。替人谋事要尽心，尽心才能不苟且、不敷衍，这是为人的基本德行。

修己不是一时一事，修己要贯穿整个人生，要时时温习旧经验，求取新知识，不能停下来，一停下来，就会僵化。

曾子的名字叫曾参，是孔子的学生。司马迁在《史记·仲尼弟子列传》中说，曾子小孔子四十六岁，大约生活在公元前505年至公元前435年之间。孔子去世时，曾子刚刚二十七岁。

曾子像

在《论语》中，有名有姓的孔子学生有二十七人。有意思的是，孔子表扬过十位优秀的学生，后人称这十位优等生为"孔门十哲"，而"孔门十哲"中是没有曾子的。

甚至，孔子曾对他的四个学生有过批评，其中一位就是曾子。孔子说："参也鲁。""鲁"就是讷于言语、迟钝。在孔子眼中，曾参有点迟钝，不是一位灵敏的学生。但正是这位鲁钝的学生，最后的历史成就最高。

曾子的成就主要表现在四个方面：一是他参与编撰《论语》；二是他撰写了《孝经》；三是他可能还撰写了《大学》；四是他照顾并教育了孔子的孙子子思，子思则写成了《中庸》。

01　弥留之际的对话

曾子寝疾，病。(1) 乐正子春(2) 坐于床下，曾元、曾申(3) 坐于足，童子隅坐(4)而执烛。

（1）寝：躺卧。疾：病。病：病得很严重。

（2）乐正子春：曾参的弟子。乐正：公室乐官。

（3）曾元、曾申：都是曾参之子。

（4）隅（yú）坐：靠墙角坐着。

　　曾子寝疾，寝，造字的本义是"帝王在羽扇伺候下安睡"，所以《说文解字》里解释说，"寝，卧也"；疾，造字的本义是"一个人中箭受伤，卧床休养"，所以"寝疾"两个字连起来，是说曾子已经生病而至卧床不起。病，造字表示一个人躺在床榻上，手握床栏杆，即身体健康出问题，失去独立生活能力，依赖床过日子。所以文章一开始用"曾子寝疾，病"寥寥几字，就写出一代伟人曾子已经到了生命的弥留之际。此时，乐正子春坐于床下，他的学生乐正子春坐在床下，曾元、曾申坐于足，他的儿子坐在他的脚旁，童子隅坐而执烛，一个童仆拿着灯烛坐在墙角里。

　　童子曰："华而睆^{（5）}，大夫之箦^{（6）}与？"子春曰："止！"曾子闻之，瞿然^{（7）}曰："呼^{（8）}！"曰："华而睆，大夫之箦与？"曾子曰："然。斯季孙^{（9）}之赐也，我未之能易也。元，起易箦。"

（5）华：华美。睆（huàn）：光亮。

（6）箦：竹席。

（7）瞿（jù）然：惊骇的样子。

（8）呼：发声欲问之词，如"哦"字。

（9）季孙：鲁大夫。

　　童仆拿着灯，灯光一晃，发现曾子身下的席子真是太高级了，禁不住发出了赞叹：华而睆，席子上的花纹非常美好，编织平莹，有光泽。这么好的席子，大夫之箦与？莫不是大夫用的吧？言外之意是，我们这样的家庭，怎么会有这么高级的东西呢。子春曰："止！"童子的感叹就这样直抒胸臆、突然而发,太出乎意料了,子春说:"别说话!"突然说话会打扰曾子休息,所以子春立刻喝止了他。

曾子闻之,可是弥留之际的曾子已经听到了,于是瞿然曰:"呼!"曾子艰难地、吃惊地说:"哦!"意思是,你说什么?于是童子又重复了一遍:华而睆,大夫之箦与?这回曾子听清楚了,曰:然。对啊!斯季孙之赐也,这是季孙氏赐给我的。季孙氏,是鲁国最大的权臣,几代把持着鲁国的朝政。这张席子就是季孙氏送给我的,的确是大夫的席子,我未之能易也,我因为生病到这么严重的程度,已经没能力自己来更换它了,元,起易箦,于是叫自己的儿子曾元,曾元你起来帮我把这张席子换下来吧,从礼制上讲,这的确不是我这个身份的人应该用的。

总有一些东西比生命更重要

曾元曰:"夫子之病革[1]矣,不可以变。幸而至于旦,请敬易之。"曾子曰:"尔之爱我也不如彼。君子之爱人也以德,细人之爱人也以姑息。吾何求哉?吾得正而毙焉,斯已矣。"举扶而易之,反席未安而没。

(1)革(jí):通"亟",危急,指病重。

曾元曰:夫子之病革矣,您的病情太危急了。这一句有两点要注意的:一是曾元称呼父亲为"夫子",可见曾子对儿子来说不仅是父亲,也是老师;第二点,"革"是个通假字,危急,指病重。您病得太重了,不可以变,不宜于挪动身子。幸而至于旦,请敬易之,希望挨到天明,再允许我很恭敬地更换它吧。从情理来讲,曾元说得很有道理,但曾子不同意,曾子曰:尔之爱我也不如彼。你爱护我,还不如这个童仆。你这样说,听起来很爱我,但你的爱并不深刻。

怎么讲?

君子之爱人也以德,细人之爱人也以姑息。君子爱人,是以德为出发点和归宿的,是来成就对方的道德,让他时时都有提升,处处都有警觉。而没有见识的小人爱人,是姑息对方的过失,甚至放纵他的欲望、满足他的各种要求。也就是说,君子所见者大,小人所见者小。吾何求哉?对于我这样一个人来说,还有什么要求呢?我这辈子追求的都是道德完善、问心无愧啊。吾得正而毙焉,斯已矣,我追求的是合乎礼制、合乎正道、坦荡而行,我能够守礼而终,也就够了。听父亲这样说,曾元没办法,举扶而易之,只好扶曾子起来,更换了席子,反席未安而没。曾子躺回新换的席子上,还没躺好,就死去了。

临终易箦,对于曾子来说,不过是其一生中最微乎其微的生活细节,而这个细节却是一道耀眼的闪光。《礼记》的创作者对这个细节做了简洁而生动的描绘。虽用字不多,但侍疾的场景具体,人物的情态毕现。尤其是童仆童言无忌,口无遮拦;曾参表态坚决,语重心长,都使人有身临其境之感。

所以"死而后已"这句话,曾子的确是做到了。他说的"君子之爱人也以德,细人之爱人也以姑息"这句话也流传千古。为什么?这说明大圣大贤的言论,都是出自他们真正力行的功夫。正因为曾子自己力行仁道、任重道远,所以他讲出这样的话才会如此有力。

文章的宗旨是显而易见的:总有一些东西比生命更重要。

一问 儒、道两家向来"道不同不相为谋",常常互相批判,但是道家人物庄子却非常欣赏曾子。曾子身为儒家开创者之一,能同时得到儒家、道家的赞美,这是为什么呢?

所思 声满天地,若出金石。天子不得臣,诸侯不得友。——《庄子·让王篇》

《庄子·让王篇》中这么记载:曾子居住在卫国的时候,非常贫穷,面目浮肿,而且连续三天不能够生火做饭,十年没有做新衣服。但是曾子却高唱着《商颂》颂歌,歌声充满在天地之间,声音就如同青铜乐器和石磬乐器一样洪亮清幽。

庄子评价曾子,说曾子是"天子不得臣,诸侯不得友"。天子不能够把他当臣子,诸侯想和他交朋友都做不到。看来曾子对天子和诸侯是拒绝的。庄子的说法有没有依据?

有。

曾子衣敝衣以耕。鲁君使人往致邑焉,曰:"请以此修衣。"曾子不受,反,复往,又不受。使者曰:"先生非求于人,人则献之,奚为不受?"曾子曰:"臣闻之,'受人者畏人,予人者骄人。'纵子有赐,不我骄也,我能勿畏乎?"终不受。——《说苑》

《说苑》记载,曾子穿着破旧的衣服耕地,鲁国国君派人去找曾子,说要把一个城邑封给他,使者传话也很客气,说是"请以此修衣",想让您可以换一件好点的衣服。可是曾子却谢绝了鲁国国君的好意。

鲁君再次派人去请曾子接受城邑，曾子再次拒绝。使者就说："先生，不是你去求人，是人家主动把城邑献给你，你为什么不接受？"

曾子回答使者说："我听说接受谁的好处，就会敬畏谁。赐给谁好处，就会对谁傲慢。就算是你赐给我东西，同时又对我不傲慢，但是，如果我接受了鲁君的赏赐，那么我自己内心能不敬畏鲁君吗？"最终曾子没有接受鲁君的美意。

曾子的这个回答，值得我们一起读一遍。

曾子曰："臣闻之，受人者畏人，予人者骄人；纵子有赐不我骄也，我能勿畏乎？"终不受。

"终不受"这句话很动人。曾子不希望鲁君有对自己傲慢的资本，也不希望自己对鲁君有敬畏之心。为此，他拒绝了鲁君的美意和财富，他宁愿身处贫困、衣裳破旧，仍然高声唱诵古代诗篇《商颂》。

所以庄子赞美曾子，是因为曾子在权贵面前保持了自己的自由和自尊，做到了"天子不得臣，诸侯不得友"，这是庄子欣赏的人生境界，但是曾子跟庄子又有根本的不同。

庄子拒绝现实、避世独立，精神上天马行空、独往独来。曾子拒绝权贵，谢绝诸侯，并非是为了退隐避世，而是因为心中有重要的事要做，他不愿意为权势而偏离自己的人生目标。

曾子对现实世界有强烈关怀，他有自己关于理想社会的价值追求，他一步一步、踏踏实实地去推进自己的目标，取得了卓越的历史成就。我们甚至可以说，如果没有曾子，可能就没有后来的儒家，没有儒家这个统一的学派。

可以说孔子在思想上开创了儒家，但曾子在儒家经典文本及学派组织上，奠定了儒家的基础。曾子是儒家不可缺少的、承上启下的人物。

"孔门十哲"中，并没有曾子。孔子对曾子评价也不是很高，在老师眼中，曾参有点迟钝，不善言辞，不是一位灵敏的学生。但正是这位鲁钝的学生，却踏实践行着老师的理论和理想。尽管任重、尽管道远，他依然弘毅而行。

孔子的儿子叫孔鲤，孔鲤先于孔子去世，留下了子思这个未成年的孤儿。孔鲤去世三年后，孔子也去世了，是谁在照顾和教育子思？史籍记载，与子思有过交往的孔门弟子就只有曾

上为孔子，下左起：颜子，曾子，孟子

子。传说孔子临死前，把子思托孤给了曾子，曾子就承担起了养育和教育子思的责任，成了子思的老师。

今天我们所讲的儒学的正统传承，就是从孔子到曾子，再到子思，后到孟子。曾子是子思的老师，子思的门人后来成了孟子的老师。

儒家最重要的这些经典，《论语》《孝经》《大学》《中庸》《孟子》，都直接或间接与曾子有关。大家想想，如果没有《论语》《孝经》《大学》《中庸》《孟子》，还会有儒家吗？

历史上的儒家人物中，我最喜欢的就是孔子和曾子。曾子思考问题甚至比他的老师更透彻，是非更分明，行为也更坚定。

结束曾子这一课的时候，我们一起来读几句曾子的话。

曾子曰："吾日三省吾身，为人谋而不忠乎？与朋友交而不信乎？传不习乎？"（《论语·学而篇》）

曾子目标明确，自省能力和自控能力都很强。

曾子曰："可以托六尺之孤，可以寄百里之命，临大节而不可夺也。君子人与？君子人也。"（《论语·泰伯篇》）

曾子讲担当，让人信赖。

曾子曰："士不可以不弘毅，任重而道远。仁以为己任，不亦重乎？死而后已，不亦远乎？"（《论语·泰伯篇》）

曾子是坚定的理想主义者。

用现在的眼光来看，曾子有着强大的自由意志，他非常清楚自己要什么，也知道自己不要什么。他头脑清醒、性格坚强，坚持自己的选择，从生到死。

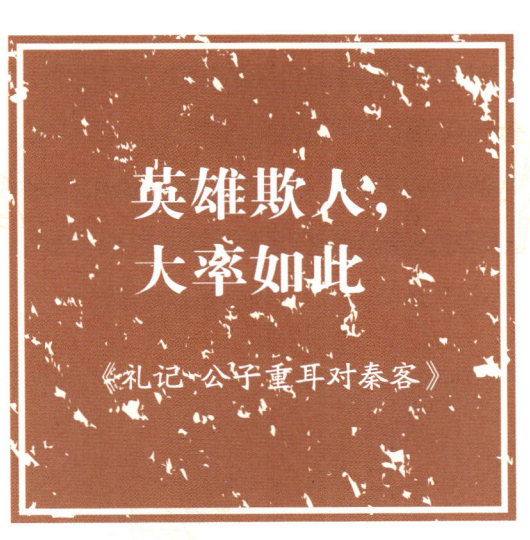

英雄欺人，大率如此

《礼记·公子重耳对秦客》

在他还没有成为"霸主"之时

本文选自《礼记·檀弓下》,题目为原编者所加。

讲到这一篇时,总有学生皱着眉头摆手:《礼记》里的文章啊,都透着一股子酸腐气息,现在干嘛还要读这么假的文章?

其实一部书、一篇文章能够流传两千多年,并为历朝历代的人们所称道鉴赏,是必然有它的深刻之处的,这类文章并不好读懂看透,往往是外行看热闹、内行看门道。所以我们最好是放下偏见,细读一下文章本身。

说起晋文公那是大大的有名,他是继齐桓公之后的又一位"春秋霸主",他继位之后,一举稳定长期动乱的晋国,重创当时另一个强国楚国,使晋国成为当时难以撼动的超级大国,建立起了威威霸业、赫赫威名。但是,再伟大的英雄也有弱小的成长期,晋文公回国即位之前,还只是晋献公的一个不太重要的儿子公子重耳时,曾经在外流亡了十九年,在几位大臣的辅佐下,辗转于各国之间,受尽艰难与磨难、歧视与轻蔑,从而动心忍性,最终成长为一代雄主。

《公子重耳对秦客》讲的是晋国公子重耳流亡过程中的一个故事。

01 利益的诱惑

晋献公⁽¹⁾之丧，秦穆公使人吊公子重耳⁽²⁾，且曰："寡人⁽³⁾闻之，亡国恒于斯，得国恒于斯。虽吾子俨然⁽⁴⁾在忧服之中，丧⁽⁵⁾亦不可久也，时亦不可失也，孺子⁽⁶⁾其图之。"

（1）晋献公：春秋时晋国国君，公元前676年至前651年在位。

（2）秦穆公：春秋时秦国国君，公元前659年至前621年在位。嬴姓，名任好。娶申生姊为夫人。人：即下文的子显，秦穆公之子。

（3）寡人：国君对自己的谦称。以下是子显转述秦穆公的话。

（4）俨（yǎn）然：庄重的样子。

（5）丧（sàng）：这里指失去地位，流亡在外。

（6）孺（rú）子：古代能继承君位的人。这里指重耳。

公子重耳由于受父亲所宠爱的骊姬的陷害，在公元前655年流亡国外。公元前651年，公子重耳流亡在狄时，他的父亲晋献公去世了。通过归纳时间线，我们可以知道，这时重耳已经在外流亡了四年，时年四十七岁。

晋献公之丧，公元前651年，晋献公死了，他在临死前托大夫荀息扶立骊姬之子奚齐为君，当时公子重耳、夷吾逃亡在外。重耳逃到母亲的祖国狄国，夷吾逃到了靠近秦的梁国。

秦穆公使人吊公子重耳，秦穆公是春秋时秦国国君，娶原晋国太子申生姊为夫人。可以说，当时秦国和晋国处在"睦邻友好"的时期，双方热衷于复杂的政治联姻，留下了"秦晋之好"的佳话。其实从各自的政治利益来分析，晋国稳住了秦国，就可以放心地去中原争霸了，秦国呢，既然无法越过晋国参与争霸，就试图和晋国建立政治同盟，甚至树立一个政治代言人，所以秦一直积极地参与晋国的王室纷争。此时晋国国君新丧，政治形式波谲云诡，正是秦国谋取政治利益最大化的好机会。所以秦穆公专门派人到狄国去慰问了公子重耳。派去的这个人是公子絷（zhí），他是秦穆公的儿子，嬴姓赵氏，名絷，字子显。

公子絷在完成正礼之后，且曰，注意这个"且"字，说明以下的话是在正礼之外的私下交流，是"题外话"，可是无论是公子絷还是公子重耳，都明白这才是这次外交行为的真正目的之所在。

果然，公子絷直接转达了秦穆公的话，寡人闻之，寡人听到过这样的

[清] 冷枚《养正图册》（晋文公）

话，亡国恒于斯，得国恒于斯，丧失国家，常在这个时候；取得国家，也常在这个时候。什么时候？就是老国君去世的丧期。所以，虽吾子俨然在忧服之中，虽然您正处于非常庄重的守丧期，但是毕竟丧亦不可久也，在外流亡也不宜过久，时亦不可失也，争取君位的时机也不宜错过，孺子其图之，孺子你还是准备一下吧！我们都知道"俯首甘为孺子牛"这句诗，"孺子"不是小孩子、小娃娃的意思吗？秦穆公再怎么算是重耳的姐夫，也不应该倚老卖老到这样称呼重耳的程度吧。其实，"孺子"在古汉语中还有一个义项，就是指天子、诸侯、世卿的继承人。所以，秦穆公称呼重耳为"孺子"，暗含的意思是：我们秦国，认为你就是未来晋国的合法继承人。我们可以想象一下，这对流亡的重耳来说，是多么大的一个诱惑啊！这是在暗示秦国鼓励他回国奔丧，以谋夺位。

面对试探的警惕

以告舅犯⁽¹⁾。舅犯曰："孺子其辞焉。丧人无宝，仁亲以为宝。父死之谓何？又因以为利，而天下其孰能说之？孺子其辞焉。"

（1）舅犯：即狐偃，字子犯。重耳的舅父。

重耳赶紧地以告舅犯，把这件事告诉了舅舅子犯，让舅舅帮忙拿主意。相比于重耳，子犯当然更加深沉老练，对局势的认知也更加冷静深刻。回国即位当然是重耳团队的理想，然而理想的实现一方面要看内因，就是重耳自己是不是已经历练成为一个合格的政治家，有很强的筹谋擘画、纵横捭阖的能耐；另一方面要看外因，即有多少国际、国内势力和重耳站在一起。现在的重耳显然不够老练。同时，秦国貌似支持重耳，可除了私下里用了"孺子"这个词之外，似乎也没有别的了。所以，舅舅子犯几乎立刻就判断出这次公子縶前来吊唁，其实不过是秦穆公的一次有意试探罢了。

舅犯曰：孺子其辞焉。你还是辞谢了他的好意吧！舅犯也用了"孺子"这个词，这里就有两层意思，一层是舅舅对外甥的亲昵称呼，"孩子"甚至"小子"；另一层也明白地表明，孩子你未来是晋国的国君，现在是我们这些追随者的国君。可是我们至少现在还不能接受秦国的建议，因为一切都不成熟，并不具备夺位的条件。

但是另外一个问题就出现了：我们该怎么样拒绝秦国呢？秦是绝对不能得罪的，我们必须要在拒绝他的同时赢得他的支持，该怎么做？

舅舅果然老谋深算，几乎立刻就想出了主意。他教重耳说，**丧人无宝，仁亲以为宝**。"丧人"就是失位去国的人，你一个流亡者没有什么可宝贵的，只有仁爱思亲才是可宝贵的，所以你一定在仁爱思亲这个点上做足文章。所以我们就清楚了：舅舅这是在训导重耳注重仁义亲情，争取人心，提高自己的品德威望。如果不这样做的话，**父死之谓何**？父亲的死何等重大，**又因以为利**，你却想乘机谋取利益，**而天下其孰能说之**？那普天之下还有谁能够替您辩白呢？所以我们不能听秦国的，**孺子其辞焉**，孺子您还是辞谢秦君的好意吧。

在这里，《古文观止》评价道："一片假仁假义，妆饰得好。"孔子在论及晋文公的为人特点时说，晋文公谲而不正，意思是这个人诡诈，却要故意做出一副正派的样子来。可我们在这一则故事中能看到，恐怕重耳的整个团队都是"谲而不正"的吧！这是重耳学到的重要的一课。于是重耳听从了舅舅子犯的建议，整理好思绪，开始了下面的表演。

公子重耳对客曰："君惠吊亡臣重耳，身丧父死，不得与（yù）于哭泣之哀，以为君忧。父死之谓何？或敢有他志(2)，以辱君义！"稽颡而不拜(3)，哭而起，起而不私。

注释 ZHUSHI

（2）他志：别的想法。这里指谋取君位。

（3）稽（qǐ）颡（sǎng）：古代在服丧期间答拜宾客的一种跪拜礼，以额触地，表示极度的虔诚。不拜：不拜谢。根据古时候的丧礼，先稽颡而后拜，是继承人答谢客人的敬礼。

公子重耳对客曰，公子重耳走到前厅去，回答客人公子絷说，君惠吊亡臣重耳，贵国君主仁慈地慰问了亡命之臣重耳我。这话说得又冠冕又客气，用了一个敬辞"惠"，意思是您这样做是对我的恩惠，我非常感恩。然后继续说，身丧父死，不得与于哭泣之哀，我本人流亡在外，是个"丧人"，死了父亲都不能参与他的葬礼，也不能在葬礼现场哭泣表示我内心的哀痛，贵国国君以为君忧，把我的这种情况引为忧虑的事，很担忧我的情况，派您前来慰问，我真是太感动了。可是对于我来说，父死之谓何？父亲死了，怎么办呢？或敢有他志，我如果怀有别的想法，比如返国夺位，以辱君义，那就太辜负贵国国君对我的情义了。我怎能那样做呢？

这番话说得真是又委婉又坚决，偏偏一番纯孝一片赤诚，任谁都无法反驳。

舅舅教给了他原则，重耳的贯彻真是完美！

不仅说得好，做戏做全套，我们再看重耳的礼节：稽颡而不拜。表示重耳拒绝秦穆公策动他回国袭位的建议，故不再拜。然后哭而起，哭泣着站起身，起而不私，站起来后不再和秦客，也就是公子絷私下交谈。

03　全套做戏很有效

子显⁽¹⁾以致命于穆公。穆公曰："仁夫，公子重耳！夫稽颡而不拜，则未为后也，故不成拜⁽²⁾。哭而起，则爱父也。起而不私，则远⁽³⁾利也。"

注释 ZHUSHI

（1）子显：即公子絷，秦国公子。嬴姓赵氏，名絷，字子显。

（2）成拜：古时丧礼中主丧人对吊唁者先稽颡，后拜谢，称"成拜"。重耳认为自己不是晋国君位的继承人，故不能主丧，不行"成拜"礼。

（3）远（yuàn）：动词，远离。

子显以致命于穆公。公子絷子显归国后，将上述情况报告给秦穆公。大家不妨开一下脑洞，猜一猜秦穆公会有怎样的反应？穆公曰：仁夫，公子重耳！穆公大声赞美了公子重耳：公子重耳真是个仁人啊！又深入解读了一下重耳的礼节表现，夫稽颡而不拜，则未为后也，他叩头后却不拜谢宾客，就是表示不是国君的继承人，故不成拜，所以不行"成拜"之礼。哭而起，则爱父也，他哭泣着站起来，就是表示哀悼他父亲。起而不私，则远利也。站起来不和客人私下交谈，就是表示他抛开了个人的利益，这是不贪求君位啊。

你看，在春秋之前的贵族时代，这一套贵族礼仪就如同一套密码，可以有效地表达自己的意愿，让对方接收到。

一问 这篇文章虽短，却极尽曲折变化，写出人物风貌。单从文本来看，写作重点是突出重耳的"孝"，那么我们能从重耳的"孝"中看出什么来呢？

所思 但实际上秦穆公、舅犯、重耳包括公子絷，都是在利用晋献公的死这件事做文章。秦穆公是在寻找自己在晋国利益的代理人，慰问重耳居丧不过是一个冠冕堂皇的理由；重耳问过舅舅后才做决定，学舌舅舅的话，"父死之为何？""稽颡而不拜，哭而起，起而不私"，一套无懈可击的言论，一整套完整准确的动作，将戏做足，又充分展示了他高超的表演技巧。

至于秦穆公那一套表扬里的关键词"爱父""远利"，这些话由劝人夺权的秦穆公嘴中说出，就更刻画出包括他自己在内，工于权谋的一干政客的形象。作为一代奸雄，秦穆公这位玩弄权术的高手焉能不知重耳在作秀，但也不得不为重耳的高超演技所折服，这一番话顺水推舟，宛如太极推手，所言所对都纯然是一番大道理，如果没有注意文中暗暗埋藏的细节之处，还真的会被他们骗过去了呢！由此我们才说：外行看热闹，内行看门道。

所以《古文观止》也才会如此评价：纯是一团大道理……英雄欺人，大率如此。

晋国公子重耳，逃亡在外十几年，以舅舅狐偃也就是子犯为首的几位老臣时时给以辅佐，使他日渐成熟。重耳谢绝秦穆

[南宋]李唐《晋文公复国图》(局部)

公的好意之后,又经过了十几年的流亡生活,最终在秦穆公的有力支持下,返回国内登上君位,并在日后成为一代霸主。

这是南宋画家李唐根据晋文公重耳流亡直到复国历史绘制的长卷《晋文公复国图》的局部。画面居中的是晋文公重耳,在他对面弯腰行礼的就是舅父子犯。这是重耳渡河回国前,授给子犯一块玉璧,并发誓不忘旧臣辅佐之情的情境。

这幅画现在收藏在美国纽约的大都会博物馆。

战国策士的光辉榜样

《战国策·苏秦始将连横说秦》

战国的《战国策》

从这一讲,我们开始学习《战国策》。古本《战国策》是西汉的刘向根据战国时代策士的著作和史臣的有关记载编辑而成,共三十三篇。

战国时代和《战国策》,可以概括为"纵横之世和纵横之书"。

如果说《左传》为我们真实地展现了春秋时代二百四十多年的历史面貌,那么《战国策》这部奇书就为我们描绘了战国时期二百五十多年纵横捭阖的时代风貌与瑰丽恣肆的人文精神。

具体来说,孔子死后,春秋时代的两个超级大国都发生了天翻地覆的变化:田氏代齐,三家分晋。同时,礼乐秩序进一步崩坏,诸侯纷争、生灵涂炭,故名"战国"时代。

对于这个时代,顾炎武有一段精辟的论述:

> 春秋时犹尊礼重信,而七国则绝不言礼与信矣;春秋时犹宗周王,而七国则绝不言王矣;春秋时犹言祭祀、重聘享,而七国则无其事矣;春秋时犹论宗姓氏族,而七国则无一言及之矣;春秋时犹宴会赋诗,而七国则不闻矣;春秋时犹有赴告策书,而七国则无有矣。邦无定交,士无定主,此皆变于一百三十三年之间。(《日知录》卷十三"周末风俗")

顾炎武把春秋和战国进行了比较,可以看出其间变化之大。礼制的崩溃、宗周的瓦解、祭祀的淡薄、宗法的式微,甚至诸侯大夫的宴会上,也已消失了往日钟鼓献诗的雍容风雅。总之,旧的一切,已被完全推倒、完全摧毁,包括儒家那一套仁义道德观念,也在战国争雄的硝烟中宣告解体。

所以《战国策》的思想观念,与《左传》也有了截然不同之处。刘向在《战国策》序中说:

> 战国之时,君德浅薄,为之谋策者,不得不因势而为资、据时而为画。故其谋扶急持倾,为一切之权;虽不可以临教化,兵革救急之势也。

什么意思?就是战国的君主们都德行浅薄、不学无术,给他们出谋划策,都得语言通俗易懂,不能目光远大,而要注重实效。怪不得那个时代留下那么多寓言故事,逻辑复杂些君主宝宝们听不懂啊!

战国时代,是春秋以后更激烈的大兼并时代,过去还勉强作为虚饰的仁义礼信之说,在这时已被完全打破。国与国之间,讲的是以势相争,以智谋相夺。那些活跃在政治舞台上的策士,也只是以自己的才智向合适的买主换取功名利禄,朝秦暮楚,毫不为怪。

清代章学诚说:"战国者,纵横之世也。"(《文史通义·诗教上》)关于纵横家,韩非子给了一个比较简单实用、也是较为准确的定义:"纵者,合众弱以攻一强也;横者,事一强以攻众弱也。"——简单来说,一帮弱国合起伙来群殴强国就叫合纵;一个或者少数几个弱国跟着强国去攻打其他弱国就叫连横。

那么"策士"又是些什么人呢?

根据《汉书·艺文志》的观点,这些"策士"出自奔走各国之间的外交人员。他们是一群有知识、有文化、善于机变之谋的"智囊"人物,他们对各诸侯国的政治、经济、地理山川、风俗人情皆了如指掌,对各诸侯国之间尔虞我诈、明争暗斗、错综复杂的关系洞若观火,他们一旦为人主所用,便成为一支不可轻视的力量。

同时战国时期,各诸侯国都希望自己能成为霸主统一天下,当然需要力谋吞并天下的良策,纵横策士正是抓住这一点,施展自己的才能,出售自己的智慧。

也就是说,如果单论这嘴上的功夫,策士们绝对是天下第一,在当时也绝对是神一样的存在。而纵、横又各有一个大神级的人物,各自的人生也如同传说一般。

连横的代表人物叫张仪,合纵的代表人物就是今天文章的主角苏秦。

等等!我们今天的题目不是《苏秦始将连横说秦》吗?怎么他又去合纵了?这个人就没有一点自己的立场吗?

这还真没有,尽管他每次都舌绽莲花、夸夸其谈。是不是挺毁三观的?我们再深入分析一下,就不难看出个中端倪:

合纵思想就是找一帮弱国的大佬聊天、鼓动、串联,签协议结联盟,希望通过打群架的方式消灭那个最强的。

连横思想则反之,强国联合少数的弱国,通过各种阳谋阴谋,利用弱国之间的利益分歧,制造矛盾,分化瓦解他们之间的合作和联盟,以达到各个击破、一家独大的目的。

那么通过对合纵与联横的对比就能很明白地看出,其二者在本质上并没有区别,说白了就是一件事:都是消灭对方以保全自己,都是通过损伤他的对立面去让自己的利益最大化而已。

我们今天要说的这篇文章涉及的完整故事是这样的:苏秦先以连横之策游说秦王,结果连写了十次计划书都没戏,在秦国钱也花光了,车马、衣服、随身东西也当光了,灰头土脸地回了家,遭到家里人各种白眼、不待见。于是各种发愤，发愤完了又各种图强，跑去以合纵之术游说赵王，大获成功。苏秦富贵返乡之后，家人各种巴结各种献媚。于是苏秦最后发出了这样的感慨："人生在世，还是权利金钱最管用呀。"

苏秦的人生经历足够曲折也足够反转：从秦国到赵国，合纵连横，说走就走；贫困富贵，说变就变。一不留神就破产，一言不合就暴富。文章中的价值观完全跟一般人印象中对古人尚德尚贤的认知背道而驰。

所以"苏秦始将连横说秦"这篇文章真正吃紧的、有趣的，是苏秦说秦失败，狼狈回家之后发生的故事，我们今天的故事，也从这里开始讲。

01　没有人比他更狼狈

说秦王书十上而说不行⁽¹⁾。黑貂之裘敝，黄金百斤尽，资用乏绝，去秦而归。赢縢履𫏋⁽²⁾，负书担囊⁽³⁾，形容枯槁，面目黧⁽³⁾黑，状有愧色。

（1）说不行：指连横的主张未得实行。
（2）赢縢（téng）：缠着绑腿布。𫏋（jué）：草鞋。
（3）黧（lí）：黑色。

说秦王书十上而说不行，苏秦游说秦王的奏章上了十次，可是他的主张始终未能得到采纳。黑貂之裘敝，黄金百斤尽，他的黑貂皮袄破了，百斤黄金也用完了，资用乏绝，生活费用已经用尽。

透过这些叙述，我们来看看苏秦这个人：他可以如赌徒一般，带着全部身家，穿着貂，带着黄金，干嘛呢？去秦国游说秦王采纳自己的政治主张。你以为他是为了理想、为了天下苍生吗？不，在苏秦看来，这就是一种投资。用全部身家性命赌一生荣华富贵，没什么害怕的！所以，人家没看上你，也就认赌服输。

苏秦游说秦王失败，**去秦而归**，只好离开秦国回家。**嬴縢履蹻**，裹着绑腿布、穿着草鞋，**负书担囊**，背着书，挑着行李，**形容枯槁**，**面目犂黑**，身形消瘦，脸色又黄又黑，**状有愧色**，显出惭愧的神情。

"状有愧色"，很耐人寻味对不对？他因何而愧？又对谁而愧呢？我们往下看。

归至家，妻不下纴[4]**，嫂不为炊。父母不与言。苏秦喟然叹曰："妻不以我为夫，嫂不以我为叔，父母不以我为子，是皆秦之罪也。"**

（4）纴（rèn）：纺织，这里指纺织机。

在外面很落魄，回到家应该得到些温暖吧。**归至家**，回到家里，**妻不下纴，嫂不为炊**。妻子白他一眼，连织布机都没下，继续哐当哐当织布。嫂子在家管做饭，掌握柴米油盐的使用大权，看到小叔子回来这副德行，饭也不给他做。父母呢？**父母不与言**，父母都没理他，人该干嘛干嘛。你看这一家人都是些什么人？个顶个的势利眼，这就是苏秦的生活环境。

在这样环境成长起来的苏秦，游说秦王失败，灰头土脸地回到家，被亲人们各种不待见，这样的世态严凉还不把他砸晕了？你以为他心灵受到了创伤，从此吞声踯躅不敢言？你以为他就此就看淡放下，一蓑烟雨任平生？并没有！

苏秦喟然叹曰，苏秦长叹一声说，**妻不以我为夫**，妻子不把我当丈夫，**嫂不以我为叔**，嫂子不把我当小叔子，**父母不以我为子**，父母不把我当作儿子，是皆秦之罪也。这都是我苏秦的罪过啊！一句话，大家做得都对，罪在我一人！

没有人比他更勤奋

乃夜发书，陈箧数十，得太公《阴符》之谋[1]，伏而诵之，简练[2]以为揣摩。读书欲睡，引锥自刺其股，血流至足[3]。曰："安有说人主不能出其金玉锦绣，取卿相之尊者乎？"期年，揣摩成，曰："此真可以说当世之君矣！"

（1）太公：姜太公吕尚（望）。《阴符》：指姜太公的兵法《阴符经》。

（2）简练：择要熟习。

（3）足：此处指脚跟。

你发现了吗？苏秦认可了他家人的逻辑，真心诚意地承认所有的错都是因为自己空手而归。按照苏家人的逻辑，如果家里的其他人出去搏功名、搏富贵，却这样灰溜溜回来，苏秦也是要耻笑的吧。怎么办？四个字：发愤图强！

乃夜发书，陈箧数十，于是，苏秦在夜间翻检书籍，摆出几十只书箱，闭关复读，来年再战！非常幸运的是，他得到了一本"秘籍"：得太公《阴符》之谋，找到了姜太公的兵法《阴符经》，伏而诵之，简练以为揣摩，伏案诵读，并且选择要点，加以训练实操，在诵读训练的同时，还加以揣摩领会，真正把书本上的内容学到心里去，变成自己的知识。

下面大家熟悉的段落来了：读书欲睡，读得疲倦想睡的时候，引锥自刺

苏秦

其股，"引锥"就是拿起锥子，股是大腿，"刺股"就是刺自己的大腿，血流至足，鲜血一直流到脚跟上。那时候没有咖啡提神，苏秦，好狠一男的！他说："安有说人主不能出其金玉锦绣，取卿相之尊者乎？"这句话中有一个句式"安有……乎"，苏秦刺完大腿后说了一句很长的话，意思是："哪有去游说君主却不能使他拿出黄金、白玉和锦缎，取得卿相（这样）高贵的地位的呢？"这个长句气势充沛、情感淋漓尽致，我们感受一下，一心求取富贵功名的苏秦的那个"一心"、那种"求"的能量有多么大。这固然突出了苏秦的自强，也在无形中表现出了这种人的可怕：为了功名富贵，可以往自己身上下锥子。

期年，满一年以后，揣摩成，他揣摩（学习）有了成果，曰："此真可以说当世之君矣！"这次的确可以游说当今的君主了。

于是乃摩燕乌集阙⁽⁴⁾，见说赵王于华屋⁽⁵⁾之下，抵掌⁽⁶⁾而谈。赵王大说，封为武安君⁽⁷⁾，受相印。革车百乘，锦绣千纯，白璧百双，黄金万镒⁽⁸⁾，以随其后，约从散横，以抑强秦，故苏秦相于赵而关⁽⁹⁾不通。

（4）摩：靠近。燕乌集：宫阙名。

（5）华屋：指宫殿。

（6）抵掌：拍手，这里指谈得投机，情不自禁拍起手来。

（7）说：通"悦"。武安：地名，今河北省武安县南。

（8）镒：二十两为一镒。

（9）关：函谷关，为六国通秦要道。

于是乃摩燕乌集阙，按照苏秦的性格，他一定是在动身之前仔细分析了当下的局势，人不去秦国了，这回来到了赵国。见说赵王于华屋之下，苏秦于是走近燕乌集阙，在华丽的宫室里，会见并游说赵王，这次说的绝对不是有利于秦的连横了，而是有利于赵国的合纵。

这次游说大获成功，苏秦的言辞深深打动了赵王，抵掌而谈，谈论投机，情不自禁之际甚至拍起手来。赵王大说，赵王非常高兴，接下来就是各种功名富贵，封为武安君，受相印，封苏秦做了武安君，授予他相印。革车百乘，又赐予他百辆革车，革车是一种重型兵车，每辆革车配士兵二十五人。此外还有锦绣千纯，千匹锦缎，这里的"纯"是长度单位，一丈五尺为一纯。白璧百双，百双白玉璧，黄金万镒，二十万两黄金，古代的"黄金"一般指黄铜，可以铸钱。以随其后，所有这些物品，都用马车运载着，跟随在苏秦的身后。真是要啥有啥，直接到达了人生的巅峰。

约从散横以抑强秦，于是联合六国进行合纵，瓦解秦国连横的盟约，以此抵抗强大的秦国。故苏秦相于赵而关不通，所以苏秦在赵国为相，六国与函谷关内的秦就断绝了交往。

03 没有人比他更显赫

　　当此之时，天下之大，万民之众，王侯之威，谋臣之权，皆欲决苏秦之策。不费斗粮，未烦一兵，未战一士，未绝一弦，未折一矢，诸侯相亲，贤于兄弟。

　　当此之时，天下之大，万民之众，王侯之威，谋臣之权，皆欲决苏秦之策。 在这个时候，天下这样大，百姓这样多，王侯这样威严，谋臣这样善用权谋，可是所有这些都要取决于顶层决策者苏秦的策略。**不费斗粮，未烦一兵，未战一士，未绝一弦，未折一矢，诸侯相亲，贤于兄弟。** 没有耗费一斗粮饷，没有烦劳一个兵，没有派遣一个士，没有断一根弓弦，没有损失一支箭，诸侯就彼此亲爱、胜过兄弟。

　　这时候我们才发现，什么合纵，什么连横，什么天下苍生，国家民族，在苏秦这儿统统不是事。也就是说，苏秦在一年之后，又提出了一个合纵战略，并且这是完全针对他自己之前跟秦王所说的连横战略的，并且将之告诉了秦国的死敌赵国。就像我们之前分析的，尽管秦王当时没有采纳他的建议，但以秦国的实际处境，实行连横是必然的，而与之相对的就必然是合纵，而赵国又是实行这个战略最合适的人选。所以，用自己的主意抽自己的脸有什么关系，关键是这个主意有人买单就行。什么底线、原则，在苏秦这儿都不存在的。

　　文章中所描写的那幅诸侯相亲图，当然是夸张啦！我严重怀疑这一段是作者流着哈喇子写下的，苏秦的高光时刻啊！什么叫成功，什么叫男神，什么叫知识改变命运、学习成就未来！苏秦的事迹可以写多少个书架的"成功学"了，他简直就是超级成功学的代言人！

夫贤人在而天下服，一人用而天下从。故曰：式⁽¹⁾于政，不式于勇；式于廊庙⁽²⁾之内，不式于四境之外。当秦之隆⁽³⁾，黄金万镒为用，转毂连骑，炫熿于道，山东⁽⁴⁾之国，从风而服，使赵大重⁽⁵⁾。

注释 ZHUSHI

（1）式：用。

（2）廊庙：古代帝王祭祖的地方，这里指朝廷。

（3）隆：显赫。

（4）山东：指太行山以东。

（5）使赵大重：谓使赵的地位因此而提高。

文章接着说：夫贤人在而天下服，贤人在位，天下的百姓才归服，一人用而天下从，一人受重用，天下的诸侯都服从。故曰：式于政不式于勇；式于廊庙之内，不式于四境之外。这三句的意思是，人的才能要怎样才叫"受重用"？就是要用在政治上，不要用在战争上；要用在朝廷上，不要用在国境之外。一句话，就是要做宰相、做最高统帅。苏秦就是最好的榜样：当秦之隆，当苏秦最得势的时候，黄金万镒为用，转毂连骑，炫熿于道，二十万两黄金归他使用，车轮飞奔，骑兵成行，在路上仪仗闪耀。山东之国从风而服，使赵大重，太行山以东的各国，都顺随着这种气势而表示服从，使赵国大受尊重。

可能吗？当然不可能，否则就不是秦统一中国了，那为什么这样写？这表达了那个时代的价值取向，苏秦所代表的"个人价值至上""功名富贵至上"，不是偶然的，他有那样的家庭环境，那样的家庭背后又是那样的社会环境。

《战国策》里这篇对苏秦的记载，通篇是以赞美的心态写出的。学者研究，苏秦的事迹充满了战国后期策士的严重的主观想象，苏秦就是他们光辉的典范，他们对苏秦充满羡慕，满怀着向往写他的故事，写出的其实是这些战国策士崇尚富贵利禄的灵魂。

对于贫穷和富贵的感慨

且夫苏秦，特穷巷掘门、桑户棬枢之士耳⁽¹⁾，伏轼撙衔⁽²⁾，横历天下，廷说诸侯之主，杜左右之口，天下莫之伉⁽³⁾。

（1）特：只不过。掘（kū）门：窟门。桑户：桑木为板的门。棬（quān）枢：用弯树枝做成的门枢。
（2）轼：车前横木。撙（zǔn）衔：拉着马缰绳。
（3）伉：同"抗"，匹敌。

文章议论道：且夫苏秦，苏秦这个人啊，特穷巷掘门、桑户棬枢之士耳，他只不过是住在小巷子里的挖洞为门，他们家也只是用桑木做门板、弯树枝做门轴，说到底他不是富二代、官二代，不过是个贫苦人家的子弟罢了。可他却成功逆袭了，伏轼撙衔，横历天下，现在乘车骑马，神气十足地周游天下，廷说诸侯之主，在朝廷上游说各国君主，杜左右之口，让左右大臣哑口无言，天下莫之能伉，天下的人没谁能和他比。

你说他不是榜样谁是榜样？

向往富贵是人的本性，孔子也说："富贵如可求，虽执鞭之士吾亦为之。"如果富贵合乎于道就可以去追求，即使是给人执鞭的下等差事，我也愿意去做。但是，如果把功名富贵奉为人生至高理想，甚至终极目的，在社会行为中奉行"利益至上"，正义和道德在利益面前一钱不值，那一定是文明的倒退甚至崩塌，社会就一定走向粗鄙，个人有再多的知识才华，也终究是利己主义者，即使这种利已很华丽、很精致，终究是崩坏的而非建设的。

将说楚王，路过洛阳，父母闻之，清宫除道，张⁽⁴⁾乐设饮，郊迎三十里。妻侧目而视，倾耳而听；嫂蛇行匍伏，四拜自跪而谢。苏秦曰："嫂，何前倨⁽⁵⁾而后卑也？"嫂曰："以季子⁽⁶⁾位尊而多金。"苏秦曰："嗟乎！贫穷则父母不子，富贵则亲戚畏惧。人生世上，势位富厚，盖⁽⁷⁾可忽乎哉？"

（4）张：设置。
（5）倨：傲慢。
（6）季子：苏秦的字。
（7）盖（hé）：同"盍"，何。

文章最后叙述了一段意味深长的小故事：苏秦将说楚王，路过洛阳，要到楚国去游说，顺便转道回了一次老家。他出身平民，属于草根阶层，这次回洛阳，果然是衣锦还乡，光彩得很！

首先是他的父母。父母闻之，清宫除道，他的父母听到这个消息，便整理房屋，打扫道路，张乐设饮，郊迎三十里，演奏音乐，摆设酒席，到郊外三十里去迎接。之前呢？这老爸老妈都不愿意搭理他哩！

妻子呢？妻侧目而视，倾耳而听。他的妻子都不敢抬起头正眼看他，他说每一句话妻子都侧着耳朵用心倾听。最有意思的是嫂子：嫂蛇行匍伏，他的嫂子伏身在地，像蛇那样爬行到苏秦跟前，四拜自跪而谢，向他拜了四拜，之后跪着谢罪。苏秦曰："嫂，何前倨而后卑也？"苏秦问道："嫂嫂，你为什么以前那么傲慢而现在这么谦卑了呢？"这一问其实挺刻薄的，可嫂子也不含糊，她答道："以季子位尊而多金。"因为小叔子你的地位尊贵，而且有很多黄金。嫂子还真是实话实说！引得苏秦直发感慨：嗟乎！贫穷则父母

不子，富贵则亲戚畏惧，一个人贫穷了，父母不把他当作儿子，富贵了，亲戚都畏惧他。**人生世上，势位富厚，盖可忽乎哉，**人生在世，对于权势、名位和金钱，怎么可以忽视呢？

这一段纯是小说家笔法：用典型环境塑造典型人物。典型环境不单是指自然山川，人们生活于其中的社会，包括小范围的家庭，特别是家庭的人际关系，才是人物生长的最具体的环境。苏秦的家里都是些什么人啊？老少男女，一家子势利眼。所以，得了志的苏秦是势利眼也就不足为怪了。他那句"嗟乎"的感言，就是一个势利小人从他的个人遭遇中提炼出来的一条确信不疑的生活真理。南宋的鲍彪说：

"（苏）秦之自刺，可谓有志矣。而志在金玉卿相，故其所成就，适足以夸嫂妇。"（《战国策注》）

按照佛家的说法，所谓真理，有"真谛"和"俗谛"之别，从苏秦的时代、环境、境界、格局，得出这样的结论，真的是"理固宜然"啊！这一段对苏秦的刻画，深入到人物的灵魂了。

孟子和他的学生景春曾经聊到过当时的策士。景春说，老师，那些牛得不得了的纵横家应该算是大丈夫了，你看他们"一怒而诸侯惧，安居而天下熄"。他们一发怒呢，诸侯就害怕；他们一消停，天下就太平无事。

孟老师说，这哪能算是大丈夫呢？他们顶多算是"妻妾"一类人物而已，你看他们行的完全是"妾妇之道"，不过就是"以顺为正"，自己没有明确的价值观，更没有坚定的立场，一会儿合纵一会儿连横，朝秦暮楚，一心讨得诸侯欢心，被欣赏了就富贵荣华，在人前耀武扬威，这跟后宫争宠有什么差别呢！孟老师真是毒舌，几句话扒掉了苏秦张仪们的外衣。

那什么才是大丈夫？就是基于这些纵横家，孟子说出了他著名的论断：

"富贵不能淫，贫贱不能移，威武不能屈，此之谓大丈夫。"

《战国策》里的苏秦，是历史上真正的苏秦吗？

不是。

首先，虽然习惯上把《战国策》归为历史著作，但是它与《左传》《国语》等有很大不同。其中有许多记载，作为史实来看是不可信的。所以《战国策》与其说是历史，还不如说是一部故事集，也可说是游说之士的实战演习手册。

其次，历史上与张仪连横之策相抗衡的合纵家是公孙衍。而苏秦虽然也是当时的一名策士，但他大部分的策士生涯都是为燕国服务的。那么，他又是怎样成为《战国策》的核心人物、成为时代的光辉榜样，并且被一代代人传颂不已的？这是一个值得考证的历史谜团。

交浅何以言深

《战国策·范雎说秦王》

范雎的时代到来了

这篇文章选自《战国策·秦策五》,战国二百五十多年,是中国从混战争雄的大分裂最后走向秦最后统一天下的过程,那么秦国是怎样做到的呢?这真是一个有价值的话题。西汉贾谊有一篇著名的文章《过秦论》,里面用简洁的语言概括了这个过程。

> 秦孝公据殽函之固,拥雍州之地,君臣固守,以窥周室,有席卷天下、包举宇内、囊括四海之意,并吞八荒之心。当是时也,商君佐之,内立法度,务耕织,修守战之具;外连衡而斗诸侯。于是秦人拱手而取西河之外。
>
> 孝公既没,惠文、武、昭蒙故业,因遗策,南取汉中,西举巴、蜀,东割膏腴之地,收要害之郡。

从中我们可以总结:

1. 秦始皇最后统一中国,其实是建立在他之前秦孝公、惠文王、秦武王、秦昭襄王四代君王的基础之上的。

2. 秦的野心、决心,从来就没有改变过、衰落过。

但是,贾谊文章中说的"蒙故业,因遗策",似乎秦国的扩张政策从来都没变，一直在执行商鞅的外交方针。这一点，却是不对的，尽管大方向一直没有改变，但每代的秦国君主的外交方略，都会有所不同。

具体来说，可以分成这样几个阶段：

1. 秦孝公时期的"商鞅外交"：中立楚韩，联合齐赵，削弱魏国。
2. 秦惠文王时期的"张仪外交"：以连横对付东方诸侯合纵。
3. 秦武王时期的"魏冉外交"：蚕食韩魏，削弱齐楚。
4. 秦昭襄王时期"范雎外交"：远交近攻，各个击破。

随着国际时事风云变幻、秦国实力的不断增强，以及国内政局的动荡，秦的外交政策也必然不断调整。特别是始自秦昭襄王时期范雎定下的"远交近攻，各个击破"的政策，一直延续到秦始皇，最后指导他一统天下。

古人说，"圣人造世，才杰济时"，在这个意义上，范雎绝对超过了秦始皇的丞相李斯。

不过话说回来，范雎这个人，最初还真是个被命运虐到不行的人，全凭自己的才干和坚忍不拔的意志才青史留名。

> 魏齐大怒，使舍人笞击雎，折胁摺（zhé）齿，雎详死，即卷以箦置厕中。宾客饮者醉，更溺雎，故僇辱以惩后，令无妄言者。雎从箦中谓守者曰："公能出我，我必厚谢公。"守者乃请出弃箦中死人。魏齐醉，曰："可矣。"……伏匿，更名姓曰张禄。
>
> ——《史记·范雎蔡泽列传》

范雎，魏国人，最初为魏国中大夫须贾的侍从，后来因为被怀疑出卖魏国利益而差点被魏相魏齐打死（使舍人笞击雎，折胁摺齿）。范雎假死逃生，史载："雎详死，即卷以箦置厕中。"痛打近乎亡还不够，更有客人侮辱在后，"宾客饮者醉，更溺雎"，士之落魄可见如此，"故魏国有贤而不能用"。于是范雎更换名字为张禄，跟随秦国的使臣王稽进入秦国。那么范雎在魏国如此落魄，又是如何在进入秦国之后说服秦王的呢？

此时秦国的国君是秦昭襄王，秦昭襄王（公元前325年—前251年），一称秦昭王，嬴姓，名则，又名稷，他是秦惠文王之子、秦武王异母弟。

范雎入秦是在秦昭襄王三十六年（公元前271年），十九岁即位的昭襄王已经五十五岁了。按理说这正是一个君主大有作为的年纪，可是昭襄王的处境似乎有些不同。人们评价秦昭襄王是一代雄主，可是他半辈子都没能自己完全掌握朝政，只是因为他的母亲实在是太厉害了。从他即位开始，就是其母宣太后（芈月）当权，太后异父弟穰侯魏冉为宰相，《资治通鉴》说："王少，宣太后自治事，任魏冉为政，威震秦国。"而且他们也个顶个的能干，太后芈月就不说了，穰侯魏冉有谋略，制定了"蚕食诸侯、扩张秦地"的外交方针，在实际执行上，他推荐了"战国第一战神"白起为将军，先后战胜三晋、齐、楚等国，大大扩张了秦的版图。

你看，都是狠人，都是能人，也都是亲人。怎么办？昭襄王这么个"一代雄主"就这么过了半辈子。好在，秦国一直蒸蒸日上、稳健发展。

最后的解决方案是时间给出的，那就是：太后他们那一代老了，不管多么不放心、不甘心，国家必定要交到下一代的手里。

范雎，就是在这个时候进入秦国的。

范雎千辛万苦逃离魏国而入秦，绝不是安于平凡生活的，他是一定要面见秦王、做出一番事业的。实际情况如何？《史记》记载："当是时，昭王已立三十六年。……厌天下辩士，无所信。"昭襄王压根就不想听、不想见范雎这样的辩士。也就是说，范雎说秦王所面临的形势远比苏秦、张仪严峻，人家可能根本就不想听！

这可怎么办？那就要看范雎的本事了。《史记》详细叙述了范雎游说秦王的三个步骤：

1. 传高名，陈危害：借助把他带到秦国的使者之口宣传说："魏有张禄先生（魏国有一个张禄先生，也就是范雎他自己），天下辩士也（那可是个狠角色，天下驰名的最佳辩手，顶尖人才）。曰'秦王之国危于累卵，得臣则安（秦王的国家现在是危如累卵，得到了张禄才会安全）。然不可以书传也（但这个人绝对不是你写封信就可以把他招来）'，臣故载来（所以我把他用车接来了）。"

2. 表能力，留印象：臣愿得少赐游观之间，望见颜色（我就希望您赐给我办公期间放风茶歇的一点时间，让我见您一面就成）。一语无效，请伏斧质（如果我的这几句话无效，您立刻剁了我，我就敢这么定下目标）。

范雎

3. 作危言，感王心：于是范雎乃得见于离宫（范雎终于获得了在离宫拜见秦王的机会），佯为不知永巷而入其中（但是他却假装不认路而进到一个长巷子里）。王来而宦者怒，逐之（秦王来了，宦官们赶忙来赶他，去去去！大王来啦！），范雎缪为曰："秦安得王？秦独有太后、穰侯耳。"（范雎就说，秦国还有王吗？秦国不是只有太后和穰侯吗！）欲以感怒昭王（其实是想用这种方法引起秦昭王的注意）。

所以，如果说苏秦、张仪是纵横家的鼻祖，那么范雎便是纵横家的集大成者。司马迁评价范雎"长袖善舞，多钱善贾"，又说范雎"世所谓一切辩士"，可见范雎游说能力的厉害。

如何评价他的这些行为呢？

《后汉书·崔骃传》："交浅而言深者，愚也。""交浅而言深"是指跟交情浅的人谈心里话，后来也指对没有深交的人进行深谈。

宋代苏轼《上神宗皇帝书》也说："交浅言深，君子所戒。"

为什么？因为交浅言深是对别人的一种冒犯。在还不熟的情况下，就想碰触对方的内心最深处、涉及对方隐私、说自己的秘密、使用太过亲密的词汇和语言、开越界的玩笑等，无疑是对对方深深的冒犯，甚至侵犯。

问题出现了：战国时期的这些纵横策士，第一，他们的出身都不高，第二，他们往来各国，贩售自己的治国安邦之策，都需要在短时间内，甚至是三言两语之间打动君王——也就是他们必须做到"交浅"却"言深"。

范雎死里逃生、栖栖遑遑，游说秦昭襄王是一种特殊条件下的社交，他所要交谈的是治国方略，局势当前，非进即亡，必须讲求策略。虽说有心机功利却也并无伤天害理之处，所以虽不值得膜拜崇拜，也不必唾弃鄙视。

 再三"唯唯"

范雎至，秦王庭^{（1）}迎范雎，敬执宾主之礼。范雎辞让。

（1）庭：指宫廷。

于是范雎终于见到秦昭襄王，并可以愉快地交谈了。范雎至，秦王庭迎

范雎，敬执宾主之礼， 范雎来到秦国，秦昭王在宫廷里迎接他，恭敬地执行宾主的礼节。**范雎辞让。** 范雎表示辞让、不敢当。

是日见范雎，见者无不变色易容者。秦王屏左右，宫中虚无人，秦王跪而进曰："先生何以幸教寡人[2]？"范雎曰："唯唯。"有间，秦王复请，范雎曰："唯唯。"若是者三。

秦王跽[3]曰："先生不幸教寡人乎？"

注释 ZHUSHI

（2）幸：表示尊敬对方的用语。寡人：古代诸侯向下的自称。即所谓自谦是"寡德之人"。

（3）跽：古人席地而坐，姿势是双膝着地，臀部坐在自己脚跟上。"跽"是双膝仍然着地，而把上身挺直起来，是一种表示恭敬，有所请求的姿势。也称为"长跪"。

是日见范雎，见者无不变色易容者。 这一天秦王接见范雎，看到那场面的人无不脸色变得严肃起来。是啊！这么一个普通的、外来的、从厕所里逃生的人，居然成了秦王的座上宾，怎么想都是非常不可思议的一件事啊！

不论如何，一切都在和平友好的气氛下进行。**秦王屏左右，宫中虚无人，** 秦王屏退左右的人，宫中没有别人了，**秦王跪而进曰："先生何以幸教寡人？"** 秦王跪着请求说："先生拿什么来赐教寡人？"诚恳诚心诚意，像个小学生一样来向范雎请教。范先生，你的高妙见解可以说了。**范雎曰："唯唯。"** 范雎说："啊啊，对啊，对啊。"

什么？是……我没表达清楚？昭王肯定懵了一下，**有间，秦王复请，** 过了一会儿，又再次请求，**范雎曰："唯唯。"** 又是这句，你这是什么意思"喂喂"！而且**若是者三。** 再问一次还是这种表现。这就非常奇怪了，**秦王跽曰，**

秦王长跪着说:"先生不幸教寡人乎?"先生不肯赐教寡人吗?秦王用了一个"幸"字,表示对对方极其敬重,对方指教我的任何一句话都是我的幸运。

02 一转再转,一绕再绕

范雎谢曰:"非敢然也。臣闻始时吕尚之遇文王也⁽¹⁾,身为渔父而钓于渭阳之滨耳。若是者,交疏也。已一说(shuì)而立为太师⁽²⁾,载与俱归者,其言深也。故文王果收功于吕尚,卒擅天下而身立为帝王⁽³⁾。即使文王疏吕望而弗与深言,是周无天子之德,而文、武无与成其王也。

(1) 吕尚:姜姓,吕氏,名尚,字子牙,号太公望。博闻多谋,垂钓于渭水之阳,后遇文王辅周灭殷。文王:姬姓,名昌,生前称周西伯或西伯昌,武王灭殷后追谥文王。遇吕尚于渭水北岸。

(2) 太师:商周之际高级武官名,军队的最高统帅。与后世作为太子的辅导官或乐师的"太师",名同实异。

(3) 擅天下:拥有天下。文王生前未及"擅天下",也未"身立为帝王"。这里是合文王、武王二人笼统言之。

于是,范雎表示歉意地说,非敢然也,不是我胆敢这样啊,实在是有原因的。接着讲了吕尚,也就是姜子牙的故事。吕尚这个人博闻多谋,处殷商的末世,不得志,垂钓于渭水北岸,后来遇文王辅周灭殷。现在范雎对秦昭王讲的就是这个故事。臣闻始时吕尚之遇文王也,我听说当初吕尚遇到文王的时候,姜子牙身为渔父而钓于渭阳之滨耳,身份只是个渔父,在渭水北岸垂钓,若是者,交疏也,像这种情况,他和文王之间的关系可说是生疏的。但是**已一说而立为太师**，结果一谈就任他做太师，**载与俱归者**，还请他同车一起回去。**其言深也**，这说明他们的交谈非常深入啊。结果呢？**故文王果收功于吕尚**，所以文王果真得到吕尚为他建立的功勋，**卒擅天下而身立为帝王**，最终据有天下而自身成了帝王。咱们在相反的方向假设一下，**即使文王疏吕望而弗与深言**，就是假如文王因为跟吕望生疏而不深谈，**是周无天子之德**，这样周就没有天子的德行，也就不可能当天子，**而文、武无与成其王也**，文王、武王也就不能成为王了。

今臣，**羁旅**[4]**之臣也，交疏于王，而所愿陈者，皆匡君臣**[5]**之事，处人骨肉**[6]**之间。愿以陈臣之陋忠，而未知王心也，所以王三问而不对者是也**。

注释 ZHUSHI

（4）羁（jī）旅：作客他乡。
（5）匡君臣：匡正君臣关系。
（6）骨肉：这里指宣太后与秦昭王的母子关系。

今臣，羁旅之臣也，现在我是个客处他乡的人，**交疏于王**，自然与大王关系疏远，**而所愿陈者，皆匡君臣之事**，而我现在所想要面陈的，又都是匡正君臣关系的事。不仅如此，我的谏言还**处人骨肉之间**，还会涉及大王您的家人骨肉之间。**愿以陈臣之陋忠**，我愿意献上一片浅陋的忠诚，**而未知王心也**，却不知大王您的心意如何，**所以王三问而不对者是也**。所以大王连问三次而不回答，就是这个原因。

我们看到这里，范雎的表达已经有了三次转折：
1.交浅言深，吕尚辅助文王得天下。
2.如果文王未能做到与吕尚言深，则不足以立周。

3.我所言是一定是深言，可不知你有没有做好听"深言"的准备。

03 引经据典，重重暗示

臣非有所畏而不敢言也，知今日言之于前，而明日伏诛于后，然臣弗敢畏也。大王信行臣之言，死不足以为臣患，亡不足以为臣忧，漆身而为厉⁽¹⁾，被⁽²⁾发而为狂，不足以为臣耻。五帝⁽³⁾之圣而死，三王⁽⁴⁾之仁而死，五霸⁽⁵⁾之贤而死，乌获⁽⁶⁾之力而死，奔、育⁽⁷⁾之勇而死。死者，人之所必不免。处必然之势，可以少有补于秦，此臣之所大愿也，臣何患乎？

（1）厉：同"癞"。

（2）被（pī）：同"披"。

（3）五帝：传说中的上古帝王，《史记》据《世本》《大戴礼》定为黄帝、颛顼（zhuān xū）、帝喾（kù）、唐尧、虞舜。

（4）三王：指夏商周三代的开创者夏禹、商汤、周文王。

（5）五霸：即春秋五霸。本文指齐桓公、晋文公、楚庄王、吴王阖闾、越王勾践。

（6）乌获：秦国力士，传说能举千钧之重。秦武王爱好举重，所以宠用乌获等力士，乌获位至大官，年至八十余岁。

（7）奔、育：孟奔（一作贲）、夏育，战国时卫人（一说齐人）。据说孟奔能生拔牛角，夏育能力举千钧，都为秦武王所用。

那么，难道我是怕死吗？绝不是，**臣非有所畏而不敢言也**，我并非因为有什么害怕的而不敢说，**知今日言之于前，而明日伏诛于后**，即使知道今天向您进言，明天就受刑而死，**然臣弗敢畏也**，我也不害怕。我只为求一个结果而来。**大王信行臣之言**，王真能实行我的进言，那么**死不足以为臣患**，死不足成为我的祸殃，**亡不足以为臣忧**，流亡不足成为我的忧虑，**漆身而为厉，被发而为狂，不足以为臣耻**，或者浑身涂漆像生癞疮，披头散发装作发狂，不足以让我感到耻辱。

为什么呢？因为人总会有一死。**五帝之圣而死**，传说中的上古帝王、五帝这样的圣人会死，**三王之仁而死**，夏商周三代的开创者这样的仁人会死，**五霸之贤而死**，春秋五霸这样的贤人会死，**乌获之力而死**，能举千钧之重的乌获这样的力士会死，**奔、育之勇而死**，像孟奔、夏育这样的勇士也会死。所以，我知道**死者，人之所必不免**，死，是人无法逃避的。

既然死是人生的必然，那么问题就不是"死"了，问题在于怎样"活"出价值。比如说我范雎，**处必然之势，可以少有补于秦，此臣之所大愿也**，在难免一死的形势下，可以对秦国稍微有些益处，这就是我最大的希望了，如果能做到这一点，**臣何患乎？**我还担心什么呢？

伍子胥橐载而出昭关⁽⁸⁾，夜行而昼伏，至于菱水⁽⁹⁾，无以糊其口，坐行蒲伏⁽¹⁰⁾，乞食于吴市⁽¹¹⁾，卒兴吴国，阖闾⁽¹²⁾为霸。使臣得进谋如伍子胥，加之以幽囚不复见，是臣说之行也，臣何忧乎？箕子、接舆⁽¹³⁾，漆身而为厉，被发而为狂，无益于殷、楚。使臣得同行于箕子、接舆，可以补所贤之主，是臣之大荣也，臣又何耻乎？

（8）伍子胥：名员，字子胥，春秋楚人。楚平王杀其父兄伍奢及伍尚，子胥逃奔郑，又奔吴，帮助吴王阖闾即位并成就霸业。橐（tuó）：袋子。昭关：春秋时楚吴两国交通要冲，地在今安徽含山县北。伍子胥逃离楚国，入吴途中经此。

（9）菱水：即溧水，在今江苏省西南部，邻近安徽省。

（10）蒲伏：同"匍匐"。

（11）吴市：今江苏溧阳。《吴越春秋》卷三："（子胥）至吴，疾于中道，乞食溧阳。"

（12）阖闾：吴王阖闾，公元前514—前496年在位。

（13）箕子：商纣王的叔父，封于箕（今山西太谷东北）。因谏纣王而被囚禁。接舆：春秋楚隐士。

大王您千万不要以为我是在喊口号、说大话、自己给自己打鸡血，这样的人载之史册、传之后世的很是不少啊！

第一个是伍子胥。想当初**伍子胥橐载而出昭关**，楚平王杀其父兄伍奢及伍尚，子胥逃奔郑，又经过昭关逃到吴，帮助吴王阖闾即位并成就霸业，然后回到楚国报了仇。可是当初昭关严查行人，伍子胥只好藏在口袋里才混出昭关，**夜行而昼伏，至于陵水**，夜间赶路，白天隐蔽，到了陵水，**无以糊其口**，这时没东西可吃，只好**坐行蒲伏**，坐着在地上蹭，爬着走，**乞食于吴市**，在吴市讨饭，最后**卒兴吴国，阖闾为霸**，振兴了吴国，吴王阖闾成为霸主。

使臣得进谋如伍子胥，假如我进献谋略能像伍子胥那样得到大王的信任，那么**加之以幽囚不复见**，就是把我禁闭起来，终身不再见大王，**是臣说之行也，臣何忧乎**？只要我的主张实行了，我忧虑什么呢？

第二是**箕子、接舆**。箕子，是商纣王的叔父，封于箕（今山西太谷东北）。因谏纣王而被囚禁。接舆，是春秋楚隐士，人称楚狂，曾唱《凤兮》歌讽劝孔子避世隐居。据史籍记载，箕子、接舆都曾佯狂，但未见有"漆身为厉"的事，在这里，范雎对他们的故事进行了发挥，说他们**漆身而为厉，被发而为狂**，浑身涂漆像生癞疮，披头散发装作发狂，他们做到了"不以为耻"，但对于国家呢？**无益于殷、楚**，对殷朝、楚国并无好处，那他们就是毫无价值的。**使臣得同行于箕子、接舆，**假如我可以跟箕子、接舆有相同的行为，**可以补所贤之主，**如果浑身涂漆能对我认为贤明的君主有所帮助，**是臣之大荣也，**这就是我最大的荣耀了，**臣又何耻乎？**我又有什么耻辱呢？

 原来都是套路

　　臣之所恐者，独恐臣死之后，天下见臣尽忠而身蹶⁽¹⁾也，是以杜口裹足，莫肯即秦耳。足下上畏太后⁽²⁾之严，下惑奸臣之态；居深宫之中，不离保傅⁽³⁾之手；终身闇惑，无与照奸；大者宗庙⁽⁴⁾灭覆，小者身以孤危。此臣之所恐耳！若夫穷辱之事，死亡之患，臣弗敢畏也。臣死而秦治，贤于生也。"

（1）蹶（jué）：跌倒。

（2）太后：指秦昭王之母宣太后，姓芈。秦武王举鼎膑部骨折而死，宣太后子昭王即位才十九岁，尚未行冠礼，宣太后掌握实权。

（3）保傅：太保、太傅。周代以太师、太傅、太保为三公。这里泛指辅佐国王的大臣。

（4）宗庙：古代帝王、诸侯等祭祀祖宗的处所，引申为王室的代称。

　　您看，我不害怕死亡、不畏惧耻辱，我怕的是什么呢？我有两怕：

　　第一怕：**臣之所恐者，独恐臣死之后，天下见臣尽忠而身蹶也，**我所怕的，只怕我死了以后，天下人看到我尽了忠而倒下，**是以杜口裹足，莫肯即秦耳，**从此锁住了嘴，裹住了脚，没有人再愿到秦国来罢了。

第二怕：足下上畏太后之严，下惑奸臣之态，大王您上怕太后的严厉，下受奸臣的伪装迷惑；居深宫之中，不离保傅之手，居住在深宫之中，离不开辅臣的手；因此而终身闇惑，无与照奸，终身受到蒙蔽，没办法洞察奸佞。可您是大秦之王，您这种状态最后危及的肯定是秦国，大者宗庙灭覆，大则王室覆灭，小者身以孤危，小则自身陷于孤立危险的境地。此臣之所恐耳！这才是我所怕的！

除此之外，若夫穷辱之事，至于那些被困受辱的事，死亡之患，死刑流亡的祸殃，臣弗敢畏也。我还真不害怕。臣死而秦治，即使我死了，如果秦国能够治理好，贤于生也。也比我平庸地活着更有意义。

至此，我们再来看范雎的这一番话里面的层次：在之前的三次转折之后，进一步自我剖白：

1.我无畏死亡、忧患和耻辱；

2.但是，我有两怕：

一怕人才不再入秦，二怕秦王孤危、秦国覆灭。

秦王跪曰："先生是何言也！夫秦国僻远，寡人愚不肖，先生乃幸至此，此天以寡人恩⁽⁵⁾先生，而存先王之庙也。寡人得受命于先生，此天所以幸先王而不弃其孤也。先生奈何而言若此！事无大小，上及太后，下至大臣，愿先生悉以教寡人，无疑寡人也。"范雎再拜，秦王亦再拜。

（5）恩（hùn）：打扰，烦劳。

这一番话明显说到秦王心里去了，秦王很感动，秦王跪曰，他在坐席上跪直了身子，说：先生是何言也！先生这是什么话！夫秦国僻远，寡人愚不肖，秦国远离中原，僻处西方，寡人我又笨拙而不贤明，先生乃幸至此，先生竟能光临此地，此天以寡人恩先生，而存先王之庙也。这是上天拿寡人来烦劳先生，从而使先王的宗庙得以保存啊。寡人得受命于先生，此天所以幸先王而不弃其孤也。寡人能够受到先生的教诲，这是上天赐恩于先王而不抛弃他的儿子啊。我们的相遇是我们两个人的幸运啊！所以，先生奈何而言若此！先生为什么要这样说呢！不要说死亡啊、逃亡啊、佯狂装疯啊，还有离间骨肉之类的，怎么可能呢！我不会那样做，也不会那样想的，放心吧！事无大小，上及太后，下至大臣，所以事不论大小，上到太后，下到大臣，愿先生悉以教寡人，无疑寡人也。希望先生全都教导寡人，不要怀疑寡人啊。说完后范雎再拜，秦王亦再拜。范雎向秦王拜了两拜，秦王也向范雎拜了两拜。

对这一段，《古文观止》评论说：

范雎自魏至秦，欲去穰侯而夺之位。穰侯以太后弟，又有大功于秦，去之岂是容易？始言交疏言深，再言尽忠不避死亡，翻来复去，只是不敢言。必欲吾之说，千稳万稳秦王之心，千肯万肯，而后一说便入。吾畏其人。

有人问，范雎游说秦王，说了半天，根本没说自己的治国方略到底是什么啊，难道不应该给个差评吗？

按照当时的形势，要实现理想必须让秦王获得实权，要想获得实权就要清楚他妈妈宣太后和舅舅穰侯的势力，连我们普通人都懂得疏不间亲，所以，范雎的游说是在刀口舔食，是在

悬崖行走。

再加上范雎的身份卑微，外国人、厕所逃生者，这些看似传奇，可对当事者来说无不是被轻贱的理由，所以，他的这次游说，不仅要看你要说些什么，而更需要保障你说的对方能听。

你看他种种作态，言谈里又层层转折，其实就是逼出秦王的那一句：事无大小，上及太后，下至大臣，愿先生悉以教寡人，无疑寡人也。

所以，清代林云铭《古文析义》卷五云："先作欲言不言之态，继以死亡僇辱，旁引曲喻，凡数百言。自顾交疏言深，捉摸不定，故不禁痛切淋漓至此，非假妆文饰以为感动也。细玩本传，方见其妙。"

冯谖是个好员工

《战国策·冯谖客孟尝君》

食客冯谖

这篇文章选自《战国策·齐策》，战国时期，列国纷争，诸侯王、贵族甚至各级卿士，他们无不迫切需要大量的拥护者和谋划者，于是这段时期，风行养士（食客）之风。"食客三千"已经成了那个时代贵族的风尚，代表人物就是战国四公子：齐国的孟尝君，赵国的平原君，魏国的信陵君，楚国的春申君。

战国时代的士阶层，是当时的特殊阶层，有着一定的社会势力。他们依附于君主，不断地献计献策，为他们扩大政治影响，巩固权位。这些人中，龙蛇混杂，既有鸡鸣狗盗之徒，也不乏非凡胆识的人才。本文主角冯谖（xuān）就属后者。

今天我们讲的这篇文章，可以分成两个部分。

第一部分，叙述冯谖到当时著名的齐国孟尝君门下做食客，三次击铗而歌。

第二部分，记叙了冯谖为巩固孟尝君的政治地位而进行的三次政治外交活动（焚券市义，谋复相位，在薛建立宗庙），表现了冯谖的政治识见和卓越才能，以及他和孟尝君之间主客相得的事迹。

01　一个寻常的门客

　　齐人有冯谖者，贫乏不能自存，使人属⁽¹⁾孟尝君，愿寄食门下。孟尝君曰："客何好？"曰："客无好也。"曰："客何能？"曰："客无能也。"孟尝君笑而受之曰："诺。"

　　（1）属：嘱托，请托。

　　齐人有冯谖者，有……者，是古文里常用的一个句式，表示"有一个……样的人"，齐国有个名叫冯谖的人，这个人**贫乏不能自存，**他贫穷得没法"自存"，就是自己没办法养活自己，于是**使人属孟尝君，**就托人请求孟尝君，**愿寄食门下，**希望在孟尝君家里当个食客。**孟尝君曰："客何好？"**孟尝君就问这位请托者："你推荐的这位先生有什么爱好吗？"**曰："客无好也。"**回答说："他没有什么爱好。"**曰："客何能？"**又问："这位先生有什么才能呢？"**曰："客无能也。"**回答说："他没有什么才能。"这位求职者，一没有爱好，二没有特长，却要来齐国第一大公司求职，唯一的求职原因就是太贫穷了，请问如果是你，你会录取他吗？**孟尝君笑而受之曰："诺。"**孟尝君大概也觉得有点好笑吧，不过也没太在意，就说："好吧。"

　　孟老板居然哈哈一笑，答应他入职了，这事该怎么看？要么孟老板是个傻子冤大头，要么就是孟老板慧眼识珠、识英雄于微末，一眼就看出冯谖是一个了不起的人才，要么是人家财大气粗根本不在乎。你选哪个？

　　我们得先来看看孟尝君。他是谁？

他是齐国宗室大臣。其父靖郭君田婴是齐威王的儿子、齐宣王的异母弟弟，曾于齐威王时担任要职，于齐宣王时担任宰相，封于薛（今山东滕州东南）。同时，孟尝君田文天下闻名，和魏国的信陵君魏无忌、赵国的平原君赵胜、楚国的春申君黄歇并称"战国四公子"，四个人都礼贤下士、广泛结交宾客，都集贤、才、富贵于一身。

尤其是孟尝君，号称手下"食客三千"。王安石尖刻地指出，这些人不过是"鸡鸣狗盗之徒"，会学个鸡叫学个狗钻

孟尝君

洞也都算特长了，都是些抱大腿混饭吃的家伙。门下多一些混饭吃的人，孟尝君根本就不在意，有钱任性，有地位更任性。后世总说"孟尝君子店，千里客来投"，其中固然有求遇明主施展才华的意思，也总不免有混吃混喝的意思。

那么齐国的风气如何？

大家都知道一个成语"滥竽充数"，《韩非子·内储说上七术》："齐宣王使人吹竽，必三百人。南郭处士请为王吹竽，宣王说之，廪食以数百人。"齐宣王的吹竽乐队三百人，南郭处士请求给齐宣王吹竽，齐宣王很高兴。官府给他的待遇和那几百人一样。你看，国君那里混吃混喝也不足为怪。齐国国

家富裕，商业发达，思想自由，社会风气宽松宽容，从平民角度来看，就是有真本事的和混饭吃的都有生存空间。

同时，各国也是"养士成风"，真有本事的人从来不愁找不到工作，商鞅、范雎、吴起、伍子胥，哪个不是有一番作为的？

由此看来，冯谖在历史上的出场，不过是平平常常甚至庸庸碌碌，而孟尝君对他，也不过是轻视加忽视加视而不见。

左右以君贱之也⁽²⁾，食⁽³⁾以草具。居有顷⁽⁴⁾，倚柱弹其剑，歌曰："长铗（jiá）归来乎！食无鱼。"左右以告⁽⁵⁾。孟尝君曰："食之，比门下之客⁽⁶⁾。"

> **注释** ZHUSHI
>
> （2）左右：指孟尝君身边的办事人。以：因为。贱：贱视，看不起。
> （3）食（sì）：给……吃。
> （4）居：停留，这里有"经过"的意思。有顷：不久。
> （5）以告：把冯谖弹剑唱歌的事报告孟尝君。
> （6）孟尝君将门客分为三等，上客食鱼、乘车；中客食鱼；下客食菜。

左右以君贱之也，孟尝君身边的办事人员因为孟尝君看不起冯谖，**食以草具**，便拿粗劣的饭菜给他吃。**居有顷**。过了一段时间，冯谖就**倚柱弹其剑**，靠着柱子弹他的剑，**歌曰："长铗归来乎！食无鱼。"**"长铗啊，咱们回去吧！我吃饭没有鱼吃啊。"**左右以告**，左右的办事人员把冯谖弹剑唱歌的事报告给了孟尝君。孟尝君表现得很随意，说，这样啊，那就"**食之，比门下之客**。"给他鱼吃，按照门下的食客的常规标准那样对待他吧。

02 不寻常的要求

居有顷，复弹其铗，歌曰："长铗归来乎！出无车。"左右皆笑之，以告。孟尝君曰："为之驾，比门下之车客。"于是乘其车，揭其剑，过其友曰："孟尝君客我。"后有顷，复弹其剑铗，歌曰："长铗归来乎！无以为家。"左右皆恶⁽¹⁾之，以为贪而不知足。孟尝君问："冯公有亲乎？"对曰："有老母。"孟尝君使人给⁽²⁾其食用，无使乏。于是冯谖不复歌。

注释 ZHUSHI
（1）恶（wù）：讨厌。
（2）给（jǐ）：供应。

居有顷，又过了一阵子，复弹其铗，冯谖又弹着他的剑，唱道："长铗归来乎！出无车。""长铗啊，咱们回去吧！出门都没个车啊。"左右皆笑之，以告。办事人都笑话他，并把这情况告诉孟尝君。是啊！你自己都知道自己没本事没特长，还又要美食又要专车的，你的特长别不是贪欲特长吧！孟尝君还是大咧咧一挥手说："为之驾，比门下之车客。"给他准备车，按照门下坐车的客人一样对待。这一下子把冯谖升到上等门客的待遇水平了。冯谖开心了，于是乘其车，揭其剑，过其友。于是冯谖乘着他的车，举着他的剑，去拜访他的朋友，得意洋洋地炫耀"孟尝君客我"，孟尝君把我当作门客看待了。

可过了一段时间之后，后有顷，复弹其剑铗，冯谖又弹着他的剑开始唱歌了："长铗归来乎！无以为家。"长铗啊，咱们回去吧！在这里没有办法养家啊！左右皆恶之，这下大家开始讨厌他了，以为贪而不知足。本来把你当笑话看，可你把大家当傻瓜好欺负啊！贪婪无止境，简直就像是《渔夫和金鱼》里那个老太婆啊！

孟尝君果然跟大家不一样，依然微微一笑，问道："冯公有亲乎？"对曰："有老母。"有老母亲。孟尝君使人给其食用，孟尝君派人给她吃的用的，无使乏，不让她缺少什么。于是冯谖不复歌。于是冯谖再也不唱歌了。

这是文章的第一部分：三次弹铗而歌。我们关注一下《古文观止》对这一部分的评论。

"弹剑、弹铗、弹剑铗"而歌："三歌，亦寒酸，亦豪迈，便知不是无能人。"寒酸是真寒酸，这是冯谖需要面对和突围的命运现实，没什么可回避的，也没有什么可痛苦的。面对现实的局促，冯谖高歌，不仅高歌而且是"击铗而歌"，这就不仅是"有故事的人"，更是"有内涵的人"，是美的和有意味的人。

那么孟尝君呢？《古文观止》的评价是：

"冯谖既曰无好、无能，所责望于人者，较有好、有能者更倍之，大是奇事，孟尝亦以为奇，即姑应之，实非有意加厚冯谖也。"

这个评点可以说非常到位了。

后孟尝君出记⁽³⁾，问门下诸客："谁习计会，能为（wèi）文收责于薛者乎⁽⁴⁾？"冯谖署曰："能。"⁽⁵⁾孟尝君怪之，曰："此谁也？"左右曰："乃歌夫'长铗归来'者也。"孟尝君笑曰："客果有能也，吾负之⁽⁶⁾，未尝见也。"

（3）出记：出通告，出文告。

（4）计会（kuài）：会计工作。责（zhài），同"债"。

（5）署曰"能"：签名于通告上，并注曰"能"。

（6）负：对不起。之：他，代指冯谖。

下面写冯谖的作为,第一件事:到薛地收债。

后孟尝君出记, 后来孟尝君出了一个文告,内容是招聘一个会计员,**问门下诸客:谁习计会,** 询问家里的食客们:谁熟悉会计工作,**能为文收责于薛者乎,**"文"就是孟尝君田文的自称,能替我到薛邑去收债吗?**冯谖署曰:"能。"孟尝君怪之,曰:"此谁也?"** 孟尝君看了感到奇怪,说:"这(签名的)是谁呀?"这里孟尝君的"怪"和问,透露出的是,虽然冯谖在门下已久,但孟尝君不仅不知道他的名字,更不熟悉他的样子,可见之前对待冯谖绝不是有意为之,不论是冯谖、李谖还是南郭谖,他都会这样做,这就是富贵公子的本色。

左右曰:"乃歌夫'长铗归来'者也。" 左右办事人说:"就是唱那'长剑啊,咱们回去吧'的人。"这个就很有画面感了,孟尝君想起来了,哈哈大笑道:**"客果有能也,吾负之,未尝见也。"** 这位门客果真有才能啊,我对不起他,以前不曾接见他。这话说得很有礼貌,很有教养。

请而见之,谢曰:"文倦于是,愦于忧(7),而性懧(8)愚,沉于国家之事,开罪于先生。先生不羞(9),乃有意欲为收责于薛乎?"冯谖曰:"愿之。"于是约车治装(10),载券契(11)而行,辞曰:"责毕收,以何市而反(12)?"孟尝君曰:"视吾家所寡有者。"

(7)倦于是:是,指相齐。为相齐之事劳碌。愦(kuì)于忧:困于思虑而心中昏乱。

(8)懧(nuò):同"懦",怯弱。

(9)不羞:不因受怠慢为辱。羞:认为……是羞辱。

(10)约车治装:预备车子,治办行装。

(11)券契:债务契约,两家各保存一份,可以合验。

冯谖是个好员工

（12）何市而反：买些什么东西回来。市，买。反，返回。

　　于是请而见之，特意把冯谖请来接见他，谢曰，向他道歉说，文倦于是，愦于忧，而性懧愚，三句话句式很整齐，都是谦逊谦卑的话。我为国事劳碌，被一些琐事搞得很疲劳，困于思虑，被忧患缠得心烦意乱，生性又懦弱又愚笨。沉于国家之事，开罪于先生，我陷在国事家事之中，不得脱身与先生见面，得罪了先生。先生不羞，先生不以我对您的怠慢为羞辱，乃有意欲为收责于薛乎？还有意替我到薛邑去收债么？

　　孟尝君身份何等尊贵，可这一番话，一口一个"先生"，一句一句自谦自贬，把身段放得够低，语气谦卑和煦，情商真是太高了，修养真是太好了，用词用句真是太考究了，偏偏又这么随意说出，丝毫不刻意，难怪会有那么多贤才甘心为他服务，难怪"孟尝"成了后世广交朋友的聚才之士的代称。

　　冯谖曰："愿之。"冯谖说："我愿意替您去做这件事。"于是约车治装，载券契而行。预备车子，治办行装，载着借契出发了。临行前，冯谖来向孟尝君辞行，问道：责毕收，债款收齐了，以何市而反？买些什么回来？孟尝君曰："视吾家所寡有者。"看我家里缺少什么东西就买些回来吧。

　　我们记住这两句对话：问者有意，而答者无心，正好引出下文。

不寻常的脑回路

　　驱而之薛，使吏召诸民当偿者，悉来合券⁽¹⁾。券遍合⁽²⁾赴，矫命以责赐诸民⁽³⁾。因烧其券，民称万岁。

　　长驱⁽⁴⁾到齐，晨而求见。孟尝君怪其疾⁽⁵⁾也，衣冠而见之，曰："责毕收乎？来何疾也！"曰："收毕矣。"

（1）合券：指核对债券（借据）、契约。

（2）遍合：都核对过。

（3）矫（jiǎo）命：假托（孟尝君的）命令。以责赐诸民：把债款赐给（借债的）老百姓，意即不要偿还。以：用，把。

（4）长驱：一直赶车快跑，中途不停留。

（5）怪其疾：以其疾为怪。因为他回得这么快而感到奇怪。

　　<u>驱而之薛</u>，冯谖乘车一路到了薛邑，<u>使吏召诸民当偿者，悉来合券</u>，派官吏召集应该还债的老百姓，都来核对这些券契。<u>券遍合赴</u>，券契都核对过之后，冯谖做了一件事，<u>矫命以责赐诸民</u>，假托（孟尝君的）命令，把债款赐给借债的老百姓，意思就是这些债不要偿还，并且<u>因烧其券</u>。随即烧了那些券契，非常大胆，令人意外，但也令人高兴。<u>民称万岁</u>，老百姓们欢呼万岁。

　　薛地的事情办完后，冯谖马不停蹄<u>长驱到齐</u>，一直赶车快跑，中途不停留，一直赶回齐国的都城，<u>晨而求见</u>。大清早就求见孟尝君。估计孟尝君还没起床呢，<u>孟尝君怪其疾也</u>，对他回来得这么快感到奇怪，<u>衣冠而见之</u>，匆匆穿戴整齐来接见他，问道：<u>责毕收乎？来何疾也！</u>债都收齐了吗？怎么回得这么快呀？<u>曰："收毕矣。"</u>冯谖答道："收完了。"

　　"<u>以何市而反？</u>"冯谖曰："君之'视吾家所寡有者'。臣窃[6]计，君宫中积珍宝，狗马实外厩，美人充下陈[7]。君家所寡有者以义耳！窃以为君市义。"孟尝君曰："市义奈何？"曰："今君有区区之薛，不拊爱子其民[8]，因而贾利之[9]。臣窃矫君命，以责赐诸民，因烧其券，民称万岁。乃臣所以为君市义也。"孟尝君不说[10]，曰："诺，先生休矣[11]！"

（6）窃：私自，谦词。

（7）下陈：堂下陈放财物、站立婢妾的地方。

（8）拊（fǔ）爱：即抚爱。子其民：视民如子，形容特别爱护百姓。

（9）贾（gǔ）利之：以商人手段向百姓谋取暴利。

（10）说：同"悦"，高兴。

（11）休矣：算了，罢了。

　　于是孟尝君问道："以何市而反？"你用收的那些债款买了什么回来啊？冯谖就等着这个问题呢："君之'视吾家所寡有者'。您说'看我家所缺少的'。臣窃计，我自己考虑了一下，君宫中积珍宝，您宫里堆积着珍宝，狗马实外厩，猎狗和骏马充满了牲口圈，美人充下陈，美女站满了堂下，君家所寡有者，以义耳！所以您家所缺少的只是'义'罢了。窃以为君市义。我私自用债款给您买了义。"

　　这几句合起来就是：您家啥都不缺，就是缺点德，所以我就拿您的钱帮您买了点儿。

　　孟尝君曰："市义奈何？"孟尝君问："买义是怎么回事？"于是冯谖侃侃而谈，曰："今君有区区之薛，现在您拥有一个小小的封地薛，您却不拊爱子其民，不把那里的人民看作自己的子女，去抚育爱护他们，因而贾利之，反而趁机以商人手段向百姓谋取利益，这不是自掘坟墓吗，因此臣窃矫君命，我私自假托您的命令，以责赐诸民，因烧其券，把债款送给了老百姓，随即烧了那些券契，民称万岁，老百姓高呼万岁，乃臣所以为君市义也，这就是我用来给您买义的方式啊。"

　　可以看到，冯谖之前说自己无好、无能，因为他的"能"和孟尝君的标准、和"三千食客"这些同事的标准根本不同，韩愈说，千里马身处微末之时，会"祗（zhǐ）辱于奴隶人之手，骈（pián）死于槽（cáo）枥（lì）之间"。冯谖的格局眼光、行事魄力，绝对是高出"鸡鸣狗盗"的同事们几个档次啊！

可问题是，老板似乎也不觉得他出色。孟尝君不说，孟尝君就不高兴，曰："诺，先生休矣！"哦，先生得了吧！您当我傻啊！

后期年(12)，齐王谓孟尝君曰："寡人不敢以先王之臣为臣。"(13) 孟尝君就国(14)于薛，未至百里(15)，民扶老携幼，迎君道中，终日(16)。孟尝君顾(17)谓冯谖："先生所为文市义者，乃今日见之。"

注释 ZHUSHI

（12）期（jī）年：满一年。

（13）齐王：齐湣王。先王：指齐宣王，湣王的父亲。

（14）就国：到自己封地（薛）去住。

（15）未至百里：距薛地还有一百里开外。

（16）终日：整整一天。

（17）顾：回头看。

和自荐的毛遂不一样，冯谖出师不利，碰了一鼻子灰。可历史帮了冯谖一个忙，关键时刻，"让子弹飞一会儿"是多么重要。后期年，过了一年，齐宣王死了，他的儿子继位而为湣王，齐湣王对孟尝君说："寡人不敢以先王之臣为臣。"我不敢用先王的臣子作为我的臣子。意思是，我爷爷的时候你就是忠臣，我父亲的时候你是宰相，可我不想用你了。孟尝君被新上任的齐王炒鱿鱼了。怎么办？只好回家，回到他自己的封地薛。孟尝君就国于薛，意想不到的事情发生了：未至百里，距薛地还有一百里开外，民扶老携幼，迎君道中，终日，老百姓就扶老携幼，在路上迎接他，自发的欢迎仪式持续了一整天。可想而知这对灰溜溜回来的孟尝君意味着什么。孟尝君顾谓冯谖，孟尝君回头看着冯谖说："先生所为文市义者，乃今日见之。"先生给我买的那些"义"，今天才算见到了。

孟尝君虽然格局不够，但这个人绝对不糊涂，很拎得清。一年了，冯谖的才能终于在孟老板那里得到了认可。

04　不寻常的好员工

　　冯谖曰："狡兔有三窟，仅得免其死耳。今君有一窟，未得高枕而卧也。请为君复凿二窟。"孟尝君予车五十乘，金五百斤，西游于梁⁽¹⁾，谓梁王曰："齐放⁽²⁾其大臣孟尝君于诸侯，先迎之者，富而兵强。"于是，梁王虚上位⁽³⁾，以故相⁽⁴⁾为上将军，遣使者，黄金千斤，车百乘，往聘孟尝君。冯谖先驱诫孟尝君曰："千金，重币也；百乘，显使也。齐其闻之矣。"梁使三反⁽⁵⁾，孟尝君固辞不往也。

（1）梁：魏国都大梁（今河南开封）。魏惠王迁都大梁，国号曾一度称"梁"。

（2）放：弃，免。

（3）虚上位：空出最高的职位（宰相）。

（4）故相：过去的宰相。

（5）反：同"返"。

可是，就在薛地养老吗？那也不是战国人的风格啊！

怎么办？下面就是著名的"狡兔三窟"的故事。

冯谖说："狡兔有三窟，仅得免其死耳。狡猾的兔子有三个洞穴，这样才能避免死亡。今君有一窟，现在您回到封地，可只有薛地一个洞穴，未得高枕而卧也，还不能高枕无忧呀。请为君复凿二窟，请让我替您再凿两个洞穴。"

经过在薛地市义这件事，孟尝君显然非常信任冯谖了。孟尝君予车五十乘，金五百斤，孟尝君给冯谖五十辆车，五百斤金。西游于梁，往西到梁国（也就是魏国）去游说。我们看冯谖的说辞：齐放其大臣孟尝君于诸侯，齐国把它的大臣孟尝君放逐到诸侯国来。冯谖用"放"这个字，说明现在齐王不用孟尝君，那是齐国的损失，却也正是其他国家的机会，我们孟老板，两朝重臣，门客三千，深受百姓爱戴，绝对是优质人才。所以，先迎之者，富而兵强，诸侯国中首先迎接他、请他来做官的，就会国富兵强。

于是，梁王虚上位，于是梁惠王把宰相之位空出来，这叫作"虚位以待"，以故相为上将军，让原来的宰相做上将军，遣使者，黄金千斤，车百乘，派遣使者带一千斤黄金，一百辆车，往聘孟尝君，去聘请孟尝君。"梁"这一窟顺利凿好了。

冯谖先驱诫孟尝君曰，冯谖先赶车回到齐国，提醒孟尝君说："千金，重币也，一千金，是很厚重的礼金；百乘，显使也。出动一百辆车，是显赫的使节。所以齐其闻之矣，齐国应该听说这情况了。"意思是什么呢？冯谖没往下说，提醒至此，是去梁国，还是……您要自己抉择。

梁使三反，魏国的使者往返三次，孟尝君固辞不往也，孟尝君坚决推辞不去。

齐王闻之，君臣恐惧，遣太傅赉黄金千斤，文车二驷[6]，服剑[7]一，封书谢孟尝君曰："寡人不祥[8]，被于宗庙之祟[9]，沉于谄谀之臣，开罪于君。寡人不足为也。愿君顾先王之宗庙，姑反国[10]统万人乎！"

(6)赍（jī）：拿东西送人。文车：雕刻或绘画着花纹的车。驷：四匹马拉的车，与"乘"同义。

(7)服剑：齐王自佩剑。

(8)不祥：不善、不好。

(9)被于宗庙之祟：受到祖宗神灵的处罚。

(10)反国：返回齐国国都临淄。反，同"返"。

齐王闻之，君臣恐惧，齐王听到这些情况，君臣都惊慌害怕起来，遣太傅赍黄金千斤，就派遣太傅送一千斤黄金，文车二驷，两辆彩车，服剑一，把齐王自佩的一把佩剑给孟尝君，封书，封好书信，并且谢孟尝君，向孟尝君道歉曰："寡人不祥，我很倒霉，被于宗庙之祟，遭受祖宗降下的灾祸，沉于谄谀之臣，又被那些逢迎讨好的臣子所迷惑，开罪于君，得罪您了，炒了您鱿鱼。可您大人有大量，寡人不足为也，我是不值得您帮助的，您不要看我面子，愿君顾先王之宗庙，希望您能顾念先王的宗庙，看在咱共同祖宗的份上，姑反国统万人乎！姑且回来统率全国人民吧！"——第二窟顺利而成。

冯谖诫孟尝君曰："愿请先王之祭器(11)，立宗庙于薛(12)。"庙成，还报孟尝君曰："三窟已就，君姑高枕为乐矣。"

(11)祭器：宗庙里用于祭祀祖先的器皿。

(12)立宗庙于薛：孟尝君与齐王同族，故请求分给先王传下来的祭器，在薛地建立宗庙。

冯谖诫孟尝君，冯谖又来提醒孟尝君曰："愿请先王之祭器，希望您向齐王请来先王传下的祭器，立宗庙于薛，在薛地建立宗庙。"这个我们现代人有点不好理解，简单说就是，孟尝君与齐王同族，所以请求分给部分先王传下来的祭器，在薛地建立宗庙，这种请求也并非不合情理，这样一来，将来齐即不便夺毁其国，如果有他国来侵，齐也不能不相救。庙成，宗庙建成了，还报孟尝君曰，冯谖回来报告孟尝君说："三窟已就，君姑高枕为乐矣。"三个洞穴都已凿成了，您可以暂且高枕而卧、安心享乐了！

孟尝君为相数十年，无纤介⁽¹³⁾之祸者，冯谖之计也。

（13）纤（xiān）介：细微。

孟尝君为相数十年，孟尝君又在齐国做了几十年相，无纤介之祸者，却没有遭到一点点祸患，冯谖之计也，都是（由于）冯谖的计谋啊。

孟尝君避居薛城后，冯谖又替他在魏国活动，说服魏惠王任命孟尝君为相国。由于魏国是齐国的强敌，所以齐湣王得知消息后恐惧不已，赶紧卑辞厚币向孟尝君谢罪，并再度征召他为相国。孟尝君能够东山再起，冯谖居功至伟。所以，历来评价这篇文章，都是赞美冯谖的才能。不过，有了冯谖这个得力助手，真正获益的却是孟尝君。那么，孟尝君是如何成就一个"好员工"的"好"的？

从这篇文章来看，孟尝君度过危机、成就威名，当然是因为得到了冯谖这个人才的鼎力支持。可是，我们再想一下：如果不是孟尝君既有倾心待客的雅量，为人又温和宽厚，甚至容许那些自己一时不理解的事情，那么冯谖的三弹三求，就很有可能会被认为是过分的奢求、不知羞耻、贪得无厌，个人品质有缺。所以正是由于孟尝君的品格，冯谖才能充分发挥他的才能，也很愿意以自己卓越的聪明才智为孟尝君服务。这一点，确实值得借鉴和深思。

父母之爱子，
则为之计深远

《战国策·触詟说赵太后》

儿子与国家

《触詟说赵太后》选自《战国策·赵策四》,是中学语文教材里的经典名篇。我们首先来看文章的背景:

公元前265年,赵惠文王去世,其子孝成王即位,由于年纪太小,就由他母亲赵太后主持朝政。这位太后就是历史上赫赫有名的赵威后。

趁赵国新老交替、政局未稳的时候,西方虎视眈眈的秦国发兵攻赵,一举占领赵国三座城池。赵国自然不是秦国的对手,形势危急之下,只好向齐国求救。此时只有联齐抗秦,才是上策。

齐国愿意出兵,但提出了一个条件:要赵太后将自己的小儿子长安君送到齐国作为"质子",就是做人质。赵太后对这个小儿子最为宠爱,而且孩子年龄也实在太小,所以说什么也不愿意。

眼看赵国危在旦夕,满朝的大臣那个急啊,纷纷来劝说赵太后让长安君为质。赵太后爱子心切,就是任性到底,她强硬地说:"谁再说让长安君去做人质,我就狠狠地啐他!"

触詟在这种严峻的形势下出场,成功说服了赵太后,让她送爱子出质齐国,解除了赵国的危机。

这样看来,《战国策》里的这篇文章肯定是侧重表现了触詟高超的游说技巧:第一是做到了众大臣做不到的事,第二是让自己的领导赵太后心悦诚服地接受了自己的意见。你看多厉害!

所以赏析这篇文章,大家一直从触詟如何说服赵太后的角度来分析,赞扬触詟出众的口才,以游说之功保全了赵国。这当然是对的,我不否认这一点,只是,越深入地研读这篇文章,越体味到其中可能有些更深刻的韵味。

一个母亲的"任性"

赵太后新用事⁽¹⁾,秦急攻之。赵氏求救于齐。齐曰:"必以长安君为质⁽²⁾,兵乃出。"太后不肯,大臣强谏。太后明谓左右:"有复言令长安君为质者,老妇必唾其面。"

(1)赵太后:赵惠文王威后,赵孝成王之母。用事:执政,当权。

(2)长安君:赵太后幼子的封号。质:古代诸侯国求助于别国时,每以公子抵押,去做人质。

赵太后新用事,秦急攻之。赵太后新掌权,秦国猛烈进攻赵国。**赵氏求救于齐**,赵国向齐国求救。齐国的回复是:**必以长安君为质,兵乃出**。必须把赵太后最疼爱的小儿子长安君送到齐国来做人质,我们才出兵。事实上,诸侯国之间彼此派王子为"质"以维持邦交关系的情况非常普遍,这些质子的处境肯定艰辛甚至危险,但这些质子中也常常诞生伟大的人物,比如秦昭王曾经在燕国做人质,秦始皇曾经在赵国做人质。所以齐国的要求并不过分。但是,**太后不肯**。

其实赵威后是一个很能干的妇女,她重视民生,体恤百姓,在朝野都非常有威信,绝不是一个没有见识的、不识大体的人。所以这里的"太后不肯",其实是作为母亲的不舍得,而绝不是作为赵国主政太后的没见识。**大臣强谏,**于是大臣们极力劝谏,可显然这些劝谏根本没谏到点子上,大臣们一味简单化的进谏,反而激起了赵太后的反感,让这种母亲对小儿子的不舍,变成了不肯,从最初的"不同意"发展到君臣之间激烈的对立。**太后明谓左右:"有复言令长安君为质者,老妇必唾其面**。"最后太后明确告诉左右:"有再说让长安君做人质的,我老婆子一定朝他的脸吐唾沫。"

  局面当然极为尴尬,岂止是尴尬,甚至国家的局势也逐渐陷入比之前更危险的境地:强敌入侵、君臣不和,不止边疆危险,连朝廷内部都危险了。

  我们不妨推测一下,这种局势下,对于大臣们来说,他们最迫切的愿望是尽快度过眼前的危机。国家的危机解除了,自己的小家包括自己个人的危机也解除了,这应该是他们强谏赵太后的动力源泉。

  而赵太后则不一样,她当然要为赵国着想,可也要为自己的孩子着想,她既是赵国的太后,也是一个孩子的母亲。就像《资治通鉴》里记载的,赤壁之战前,曹操带着百万大军气势汹汹而来,孙权的手下们纷纷劝孙权投降,只有鲁肃跟孙权说,大臣们投降,还继续当他们的大臣,可是您投降会落得怎样的下场呢?那些劝您投降的大臣真的用心为您考虑过吗?没有,他们第一考虑的是自己。

  所以,虽然都是在谈论国家存亡,可实际上君臣的思想并不在一个层面,诉求不同,出现分歧再正常不过。只不过,大臣们可以大谈国君胸襟啊、国家责任啊这些宏大口号,甚至以爱国者自居,赵太后反而成了弱势的一方,似乎只能以撒泼、任性的方式来保护自己的儿子了。

两位老人家的沟通

左师触詟⁽¹⁾愿见。太后盛气而揖⁽²⁾之。入而徐趋，至而自谢，曰："老臣病足，曾不能疾走，不得见久矣，窃自恕，而恐太后玉体之有所郄⁽³⁾也，故愿望见。"太后曰："老妇恃辇而行。"

注释 ZHUSHI

（1）左师：春秋战国时宋、赵等国官制，有左师、右师，为掌实权的执政官。此处触詟所任的"左师"，则是一个地位高、名气大、资格老但没多少实权的职务。触詟（zhàn）：《史记》作"触龙"。

（2）揖：辞让。《史记·赵世家》"揖"作"胥"，为等待之意。

（3）郄（xì）：同"隙"。有所郄：身体不太好。

左师触詟愿见。《资治通鉴》也记载了触詟说赵太后这事，元代的历史学家胡三省注"冗散之官以优老臣者也"，这里的"左师"就是一个地位高、名气大、资格老但没多少实权的职务，大概相当于政治局顾问、督查专员这一类的角色吧。做到这个职务，可以推测出触詟混迹赵国官场几十年，对人情世故精通得很，跟赵太后也很熟。而且这个场合他本不必出场的，正是由于这些原因吧，太后盛气而揖之。太后虽然满心愤怒，却依然接见了他。

触詟虽是老臣，却并不倚老卖老，礼数非常周到：入而徐趋。趋，是以"短而多的步子快步走"，具体情状是：略躬身低头，小步快走，要求迈出之前足跟落在地上不超过后足尖。给人非常恭敬谨慎、诚惶诚恐的感觉。所以大臣觐见国君时，一般要"趋进"。在这里触詟就是以这样的姿态来见太后的。但是却是"徐趋"，慢慢地、迟缓地"趋"，是怎么回事？

战国时期人物龙凤帛画

触詟解释了这一点：至而自谢，他到了太后跟前请罪说，老臣病足，老臣我的脚有病，曾不能疾走，已经丧失了快跑的能力了，走不快了。不得见久矣，窃自恕，好久没能来谒见了，我呢因为腿脚不好，总会私下里给自己找理由原谅自己。而恐太后玉体之有所郄也，故愿望见，可是又怕太后您的身体偶有欠安，所以很想来看看太后。

老年人、老熟人见面，往往就是谈身体、谈孩子，一见面，触詟就闲谈一样，从自己的老态说起。太后曰："老妇恃辇而行。"太后说："我老婆子行动全靠车辇。"意思是说我的腿脚也不太好了。

曰:"日食饮得无衰乎?"曰:"恃鬻⁽⁴⁾耳。"曰:"老臣今者殊不欲食,乃自强步,日三四里,少益耆⁽⁵⁾食,和于身。"太后曰:"老妇不能。"太后之色少解。

注释 ZHUSHI

(4)鬻(yù):同"粥"。
(5)耆(shì):同"嗜"。

触詟问道:"日食饮得无衰乎?"那么每天的饮食该不会减少吧,"得无……乎"表示"该不会……吧"。太后回答说:"恃鬻耳。"每天靠喝点粥罢了,胃口变差,消化功能也明显减弱了。触詟表示,唉,我们都老了,老臣今者殊不欲食,老臣我现在胃口很不好,没有什么食欲,所以就乃自强步,就自己坚持着走步,日三四里,每天走三四里,这样就会少益耆食,稍微增进一点食欲,和于身,相信这样对身体也能有所调剂。这是老年养生经验的分享,太后曰:"老妇不能。"太后说:"老妇我可做不到。"就在这样老年人闲闲叙来的家常里,太后之色少解。太后的脸色稍微和缓些了,心情显然好一些了。

对此,历来的评论差不多是:触詟老谋深算,先缓解对方的心绪,让太后放下心防,为后面的劝谏打下基础。从结果成败的立场分析,这种说法当然是有道理的,但是,触詟和太后之间就只有这种心机和算计吗?连饮食温饱的关怀都只是达到目的的筹码和手段吗?是不是太不近人情了?这样未免太小看了触詟,更小看了太后。所以我更认同《古文观止》对这篇文章的评论:"老臣一片苦心,诚则生巧。"

触詟对赵太后这一番殷殷探问,诚心诚意,也只有诚意,才会唤起真情。我们说的"说服",其实就是一种沟通,里面绝对有一种站在对方角度去感受、去思想的"同情心""同理心"。我当然不否认《战国策》中绝大多数篇章都表现了术法甚至诡道，绝大多数都歌颂着富贵权力，但就这篇《触詟说赵太后》而言，真的不能否认其中那些温厚的人情。

左师公曰："老臣贱息(6)舒祺，最少，不肖。而臣衰，窃爱怜之。愿令补黑衣之数(7)，以卫王宫(8)，没死(9)以闻。"太后曰："敬诺。年几何矣？"对曰："十五岁矣。虽少，愿及未填沟壑(10)而托之。"

注释 ZHUSHI

（6）贱息：对自己儿子的谦称。

（7）黑衣：赵国侍卫的制服，用以指代宫廷卫士。

（8）宫：原作"官"，从《史记·赵世家》改。

（9）没死：冒死。臣对君的谦卑用语。

（10）填沟壑："死"的比喻说法。自比为贱民奴隶，野死弃尸于溪谷。

话题渐渐转移到了孩子身上。触詟说：老臣贱息舒祺，最少，不肖。老臣我有一个劣子叫舒祺，年纪最小，很不成才。而臣衰，窃爱怜之。我老了，偏偏很是爱怜他。所以想要给他谋一个好出路，愿令补黑衣之数，以卫王宫。补黑衣之数就是能让他到宫廷侍卫队里凑个数，让他来保卫王宫。没死以闻。这就是我的希望，所以冒着死罪来禀告您，希望您能卖我个面子。太后曰："敬诺。年几何矣？"太后说："一定同意您的。孩子年纪多大了？"对曰："十五岁矣。"十五岁，真的不大，初三学生的年纪。但是触詟说，虽少，愿及未填沟壑而托之。孩子虽然还小，可老臣我已经太老了，身体也不好，所以想赶紧趁着自己还没死的时候，先向太后您拜托（这件事）。

何为父母之爱

太后曰:"丈夫亦爱怜其少子乎?"对曰:"甚于妇人。"太后笑曰:"妇人异甚。"对曰:"老臣窃以为媪之爱燕后⁽¹⁾贤于长安君。"曰:"君过矣,不若长安君之甚。"左师公曰:"父母之爱子,则为之计深远。媪之送燕后也,持其踵⁽²⁾为之泣,念悲其远也,亦哀之矣。已行,非弗思也,祭祀必祝之,祝曰:'必勿使反⁽³⁾。'岂非计久长,有子孙相继为王也哉?"太后曰:"然。"

注释 ZHUSHI

(1)燕后:赵太后之女,远嫁燕国为后。

(2)踵:足跟。女嫁乘舆辇将行,母不忍别,在车下抱其足而泣。

(3)反:同"返"。古代诸侯嫁女于他国为后,若非失宠被废、夫死无子或亡国失位,是不回国的。

让孩子早早学会自立,真的不是做父亲的狠心,而恰恰是一片苦心。太后曰:"丈夫亦爱怜其少子乎?"太后有些惊讶:"做父亲的也会爱怜他的小儿子吗?"注意这句话中的"亦"字,太后明显找到了可以理解她、和她有共同语言的人了。触詟说,甚于妇人,其实我们做父亲的比做母亲的更爱孩子啊。太后笑曰:"妇人异甚。"太后笑道:"哪有,我们妇人绝对更爱小儿子。"但触詟坚持不同意,他说,老臣窃以为媪之爱燕后贤于长安君,老臣我个人的看法,老太后您爱女儿燕后,就胜过爱您的小儿子长安君。太后摇摇头,君过矣,不若长安君之甚。您错了,比不上对长安君爱得深。

触詟接下来分析道,父母之爱子,则为之计深远。父母爱子女,就要为他们考虑得深远一点。媪之送燕后也,持其踵为之泣。太后您当年送燕后出嫁的时候,抱着她的脚为她哭泣。为什么哭得如此伤心?念悲其远也,是可怜她要远嫁他国，亦哀之矣，当时也是够伤心的了。燕后走了之后，您非弗思也，并不是不想念她，可是祭祀必祝之，每逢祭祀一定为她祈祷，祝曰：必勿使反，祈祷说：一定别让她回来啊！所以您的这一番祝祷岂非计久长，有子孙相继为王也哉？难道不是从长远考虑，希望她有了子孙可以代代相继在燕国为王吗？触讋简直太了解太后的心思了，太后曰："然。"太后说："的确是这样的。"

04　一语惊醒梦中人

左师公曰："今三世以前(1)，至于赵之为赵(2)，赵主之子孙侯者，其继有在者乎？"曰："无有。"曰："微(3)独赵，诸侯有在者乎？"曰："老妇不闻也。""此其近者祸及身，远者及其子孙。岂人主之子孙则必不善哉？位尊而无功，奉厚而无劳，而挟重器(4)多也。"

（1）三世以前：指赵武灵王。孝成王之父为惠文王，惠文王之父为武灵王。

（2）赵之为赵：前"赵"指赵氏，周穆王赐造父以赵城，始有赵氏；后"赵"指赵国。公元前376年，魏、韩、赵三家灭晋分其地。赵国有今山西中部、陕西东北角、河北西南部等地。经赵武灵王至惠文王时，疆域又有所扩大。

（3）微：非。

（4）重器：指金玉珍宝。

沿着这个话题，触讋继续深入下去。今三世以前，至于赵之为赵，从现在往上数三世，上推到赵氏建立赵国的时候，赵主之子孙侯者，其继有在者乎？赵国君主的子孙凡被封侯的，他们的后代还有能继承爵位的吗？曰："无有。"触詟再进一步阐发，微独赵，诸侯有在者乎？不只是赵国，其他诸侯国的子孙有吗？曰："老妇不闻也。"太后说，我没听说过。所以，触詟给出了下面的结论，此其近者祸及身，远者及其子孙。这就表明，对于诸侯而言，他们的灾祸近则及于自身，远则及于他们的子孙。岂人主之子孙则必不善哉？难道是君王的子孙就一定得不到好结果吗？诸侯是个高危行业，诸侯们是高危人群。为什么？位尊而无功，奉厚而无劳，这两句话是"互文"，这种修辞表示的是上下两句或一句话中的两个部分，看似各说两件事，实则是互相呼应、互相阐发、互相补充，说的是一件事。我们把这两个句子合起来理解，就是这些诸侯的后代子孙们地位高人一等、俸禄特别优厚，却未尝有相应的功绩，而挟重器多也，而金玉珠宝却拥有很多。这就是他们不得善终的原因。很不幸，您的儿女就属于诸侯，您的确深爱他们，但怎样才是正确的、深沉的、长久的爱呢？

"今媪尊长安君之位，而封之以膏腴之地，多予之重器，而不及今令有功于国。一旦山陵崩（5），长安君何以自托于赵？老臣以媪为长安君计短也，故以为其爱不若燕后。"太后曰："诺。恣君之所使之。"于是为长安君约车百乘质于齐，齐兵乃出。

（5）山陵：喻帝王，此处指赵太后。崩：喻帝王死。

就比如您一直在强调的小儿子长安君，今媪尊长安君之位，现在老太后您给长安君以很高的权位，而封之以膏腴之地，挑选富裕肥沃的地方封给他，多予之重器，又赐予他大量珍宝，而不及今令有功于国。却不曾想到要抓住目前的机会，让他为国家建立功勋。那么一旦山陵崩，有朝一日太后您去世了，长安君何以自托于赵？长安君在赵国凭什么使自己安身立足呢？这些您都没有为长安君去操心去安排，所以老臣以媪为长安君计短也，老臣认为老太后您为长安君考虑得太短浅了，我看您啊，一点也没有为他着想啊。故以为其爱不若燕后，所以我以为您爱他不如爱燕后。

话说到此，可谓一语惊醒梦中人，太后立刻说，诺。恣君之所使之。行啊。任凭你安排他去哪里都可以。于是为长安君约车百乘质于齐，于是为长安君套马备车一百乘，到齐国去做人质，齐兵乃出。齐国就出兵，解救了赵国的危机。

子义⁽⁶⁾闻之曰："人主之子也，骨肉之亲也，犹不能恃无功之尊，无劳之奉，而守金玉之重也，而况人臣乎！"

（6）子义：赵国贤人。

子义闻之曰，赵国贤人子义听到这件事评论说：人主之子也，骨肉之亲也。君王的儿子，是骨肉之亲，犹不能恃无功之尊，无劳之奉，而守金玉之重也，尚且不能依靠没功勋的高位，没劳绩的俸禄，而占有着金玉珍宝等贵重的东西，而况人臣乎？更何况做臣子的呢？进一步点明了这件事的意义。

回顾全文，从最先的"有复言令长安君为质者，老妇必唾其面"，到"色少解"，再到"诺，恣君之所使之"，通过赵太后言行的先后转变，足以见得触詟的话已经深深触动了赵太后。

再看触詟的这番言辞，可以分成四步：

第一步，关心赵太后健康，初步平息了她的怒气。因为他深知，只有怒气平息了，才能够跟赵太后讲道理。

第二步，谈爱子问题，触动赵太后心事。可怜天下父母心，爱子之心，人皆有之，在这共同"爱好"上，赵太后和触詟越发接近了。

第三步，触詟用燕后作反衬。告诉太后她爱长安君不如燕后那么深切，引导太后从浅近之爱到深远之爱的思考。

第四步，触詟用赵王和诸侯的子孙为例，暗示赵太后的溺爱对长安君是不利的。

而更为根本的，触詟之所以劝动赵太后：一是体察到了对方心理；二是他成功运用了语言沟通的艺术；三是得益于他的学识、气质、修养、智慧。

赵太后最纠结的问题，其实是太爱自己的孩子，怕他冒险。触詟能说服赵太后，是因为触詟站在了与赵太后同样的立场，那就是：为长安君着想。

他没有像其他强谏的大臣一样，让太后为了赵国而牺牲、而放弃对小儿子的爱，没有把国家之爱和亲情之爱对立起来，而恰恰是把二者统一起来。而统一的根本就是，怎样才是父母对子女更深刻的爱呢？

所以，他们从始至终讨论的，都不是"怎样做才能救赵国"，而是"父母爱子女的方式"：留在身边与远送他国，哪个对长安君更有利？

 父母爱自己的孩子，怎样做是"为之计短浅"？怎样做是"为之计深远"？

"为之计短浅":父母为子女谋划好一切,安排好学校、好工作、好对象,替孩子买车买房,给孩子大笔财富,让孩子和后代能够衣食无忧,不让孩子吃苦受累,终身享受荣华富贵。

"为之计深远":父母让子女吃苦、受历练、负责任、长本事,开阔视野,提升境界,关心他人,为社会做贡献。

所以自始至终,太后都不是被触詟"说服"了,而是被触詟"说通"了。从最初"我作为一国之主,难道连自己最爱的人也保护不了吗"的气愤纠结中,明白了"抓住这个机会让孩子去历练,他才能更好地生活下去"的道理。所以太后在最后才那么爽快地说:"诺,恣君之所使之。"至于赵国国家的危机,也就迎刃而解了。

儒家讲"修身、齐家、治国、平天下",除非极端情况,家国之情和亲情、爱情绝不是矛盾的,人先要有亲情之爱,然后再扩而广之,热爱国家乃至世界和平,如果自己都过不好,也就不能让家人幸福,更遑论其他。

我觉得没有比《古文观止》更好的评论了:左师悟太后,句句闲语,步步闲情,又妙在从妇人情性体贴出来。

所以,这篇文章说明了一个千古不变的道理:做父母的疼爱子女是天性,但是,疼爱孩子不能是溺爱,而应该为孩子的将来着想,让孩子能更好地立足于社会,即使没有了父母的庇护,他们也能生活得很好。这篇文章写于两千多年前,但是文中的道理到今天也是适用的。因为时至今日,我们依然能够看到,不少父母正如赵太后最初那样,以为给孩子足够的物质,让孩子过安逸的生活,处处庇护,这就是爱孩子。可是,这样的结果往往适得其反。从长远来看，如果孩子没有经历过风吹雨打（文中指长安君如果不能为国建立功勋），一旦失去父母的庇护，势必会吃不少苦头。多少不成才的孩子，都是失败的家庭教育的产物。这样的例子应该不少吧！

但是，赵太后已经在触詟的劝说下醒悟了，天下还有多少父母依然在执迷不悟中，谁又来劝醒他们呢？

"父母之爱子，则为之计深远"，如果你也为人父母，又会怎么理解呢？

战国第一人

《战国策·鲁仲连义不帝秦》

风起长平

本文出自《战国策·赵策三》。

鲁仲连,又名鲁仲连子、鲁连子、鲁仲子和鲁连,是战国末年齐国稷下学派后期代表人物,著名的平民思想家、辩论家和卓越的社会活动家。鲁仲连的生卒年月不见史籍,司马迁在其《史记》中仅记为"齐人"。据钱穆先生推算,鲁仲连的生卒年应该是公元前305年至公元前245年。

赵孝成王六年(公元前260年),秦于长平大败赵军,秦将白起坑杀赵卒四十余万,诸侯震惊。两年后(公元前258年),秦昭襄王出兵包围了赵国的都城邯郸。魏国的安釐王

平原君

得到这个消息后，急忙派大将晋鄙火速驰援赵国。秦昭襄王得知魏出兵救赵，写信恐吓魏王，扬言谁救赵先攻击谁。魏王收信后，救赵决心发生动摇，命令晋鄙把军队驻扎在邺（河北滋县南，另一说是汤阴）：既摆出救赵的姿态，同时又迟迟不采取行动。

另外，他还派魏将辛垣衍秘密潜入邯郸，想通过赵相平原君赵胜说服赵孝成王一起尊秦为帝，以屈辱换和平，以解邯郸燃眉之急。

平原君在内忧外患灾祸频仍、国内国际形势复杂的情况下，心急如焚而又束手无策。

鲁仲连主动去见辛垣衍，指陈帝秦的弊害，使辛垣衍拜服。

后来魏国终于出兵，而"秦将闻之，为却军五十里"。

内外交困，平原君很纠结

此时鲁仲连适⁽¹⁾游⁽²⁾赵，会⁽³⁾秦围赵，闻魏将欲令赵尊秦为帝，乃见平原君曰："事将奈何⁽⁴⁾矣？平原君曰："胜也何敢言事⁽⁵⁾？百万之众⁽⁶⁾折于外，今又内围⁽⁷⁾邯郸而不去⁽⁸⁾。魏王使客将军辛垣衍令赵帝秦，今其人在是，胜也何敢言事？"

（1）适：正巧，恰好在这个时候。

（2）游：游历。

（3）会：正巧碰上。

（4）奈何：怎么办。

（5）言事：谈论国家大事。

（6）百万之众：指两年前，即赵孝成王六年（公元前260年），秦将白起大破赵兵于长平，坑赵降兵四十余万人。

（7）内围：指深入国内、境内包围。

（8）去：本义是离开，这里是"而胜也不能去之"的省略。

此时鲁仲连适游赵，鲁仲连客游于赵国，**会秦围赵**，正赶上秦军围攻邯郸，正处于围城之内，并且**闻魏将欲令赵尊秦为帝**，听说魏国的将领辛垣衍秘密潜入邯郸，面见了平原君，想要让赵国一起尊奉秦昭王称帝。那赵国的态度就非常关键了。鲁仲连**乃见平原君曰："事将奈何矣？"** 对这件事您打算怎么办？平原君是赵武灵王之子、赵惠文王之弟，是现任的赵孝成王的叔父，名胜，封为平原君，在赵两朝任相。《史记》说他风度非常好，是"翩翩浊世之佳公子"，大名鼎鼎的战国四公子之一。可这时的平原君可是一点翩翩风度都没有了，完全是手足无措加焦头烂额，**平原君曰："胜也何敢言事？"** 我哪里还敢谈论这样的大事！废话，你是赵国的宰相总理国务卿，这事就该你拿主意啊！

平原君一肚子纠结：**百万之众折于外**，这句话是指两年前，秦将白起大破赵兵于长平，坑杀赵降兵四十余万人。我们赵国两年前刚长平惨败，**今又内围邯郸而不去**，现在秦兵又深入国内，围困邯郸，我身为宰相又不能使之退兵。本来指望着唇齿相依的魏国来救我们，可他们却派人来劝我以屈辱换和平，**魏王使客将军辛垣衍令赵帝秦**，魏王派客籍将军辛垣衍让赵国尊奉秦昭王称帝，我太难了，这、这、这到底该怎么办呢？**今其人在是**，眼下，那个人就在这儿，紧等着我回话呢，**胜也何敢言事？** 我哪里还敢谈论这样的大事？

平原君两次说出"胜也何敢言事"都不嫌重复，可见他着实是束手无策了。枉他门客三千，但在关键时刻，还是如此这般的焦头烂额。

当然，沧海横流，就等鲁仲连来显示其英雄本色了。

战国第一人 235

02　鲁仲连VS辛垣衍

鲁连曰:"始⁽¹⁾吾以君为天下之贤公子也,吾乃今然后⁽²⁾知君非天下之贤公子也。梁⁽³⁾客辛垣衍安在?吾请为君责而归之⁽⁴⁾。"平原君曰:"胜请为召而见之⁽⁵⁾于先生。"

（1）始：当初，原先。

（2）乃今然后：到此刻才，如今才。

（3）梁：即魏。

（4）责而归之：叱责他而使他回去。

（5）见（xiàn）之：使之见。

鲁仲连对平原君很失望。**始吾以君为天下之贤公子也**，以前我认为您是天下贤明的公子，**吾乃今然后知君非天下之贤公子也**。今天我才知道您并不是。唉，放着我来吧。**梁客辛垣衍安在?** 魏国的客人辛垣衍在哪儿? **吾请为君责而归之**，我替您去责问他，并且让他回去。平原君说好好好，"**胜请为召而见之于先生。**"胜，是平原君的名字，意思是：我愿为您介绍，让他跟先生您相见。

平原君遂见辛垣衍曰:"东国⁽⁶⁾有鲁连先生，其人在此，胜请为绍介⁽⁷⁾而见之于将军。"辛垣衍曰:"吾闻鲁连先生，齐国之高士也。衍，人臣也，使事有职，吾不愿见鲁连先生也。"平原君曰:"胜已泄之⁽⁸⁾矣。"辛垣衍许诺。

注释 ZHUSHI

（6）东国：齐国。因齐在赵的东方，所以称东国。

（7）绍介：介绍。古代宾主之间传话的人称介。按照古代礼制，宾至，须介传话，介不止一人，相继传辞，故称绍介。引申为引进。

（8）泄之：泄露这件事。

平原君遂见辛垣衍曰，于是平原君见辛垣衍说："东国有鲁连先生，齐国有位鲁仲连先生，其人在此，如今他就在这儿，胜请为绍介而见之于将军，我愿介绍他来跟将军认识认识。"可辛垣衍却并不想见鲁仲连，曰："吾闻鲁连先生，齐国之高士也。我听说过这个鲁仲连先生，他是齐国志行高尚的人。衍，人臣也，我是魏王的臣子，使事有职，如今奉命出使，身上担负着重大的职责，吾不愿见鲁连先生也，我不愿见鲁仲连先生。"平原君说，这样啊，可是胜已泄之矣，我已经把您在这儿的消息透露出去了，辛垣衍许诺，辛垣衍只好应允了。

鲁连见辛垣衍而无言。辛垣衍曰："吾视居此围城之中者，皆有求于平原君者也。今吾视先生之玉貌（9），非有求于平原君者，曷（10）为久居此围城之中而不去也？"

鲁连曰："世以鲍焦（11）无从容（12）而死者，皆非也。今众人不知，则为（wèi）一身。"

注释 ZHUSHI

（9）玉貌，对人容颜的敬称，即尊容。

（10）曷：何。疑问代词。

（11）鲍焦：周代隐士。传说因不满当时政治，抱木饿死。

（12）从容：襟怀宽广。无从容，即没有宽阔的胸襟，心地

战国第一人　237

狭隘。

鲁连见辛垣衍而无言，鲁仲连见到辛垣衍却一言不发。辛垣衍说：**吾视居此围城之中者**，我看留在这座围城中的，**皆有求于平原君者也**，都是有求于平原君的人。**今吾视先生之玉貌**，而今，我看先生的尊容，**非有求于平原君者**，不像是有求于平原君的人，**曷为久居此围城之中而不去也？**那为什么还长久地留在这围城之中而不离去呢？辛垣衍的语言相当尖刻，句句讥讽，相当难听。言外之意是，不管你说什么，其实都不过是为自己的一己私利而已，就如同你留在这倾危之城，就像你此时百般计划来见我，都不过是拿我扎筏子，然后从平原君那里求取个人利益，你们这帮策士的心理底牌我太了解了。

鲁连曰：世以鲍焦无从容而死者，皆非也。鲍焦是周代隐士，传说因不满当时政治，抱木饿死。鲁仲连分析道，世人认为鲍焦是因为没有博大的胸怀而死去，这种看法都错了。**今众人不知，则为一身**，一般人不了解他耻居浊世的心意，所以认为他是为个人打算罢了。鲁仲连一开口没说秦，也没说称帝，而是从周代隐士鲍焦说起，说他并不是为个人利害而死，正是表明自己留在邯郸城，主动来见你辛垣衍，并不是为自身而谋。

抗秦助赵的我是正义的

"彼秦，弃礼义、上⁽¹⁾首功⁽²⁾之国也。权使其士⁽³⁾，虏使其民。彼则肆然而为帝，过而遂正于天下⁽⁴⁾，则连有⁽⁵⁾赴东海而死耳，吾不忍为（wéi）之民也！所为（wèi）见将军者，欲以助赵也。"

> **注释 ZHUSHI**
>
> （1）上：同"尚"，崇尚。
> （2）首功：以斩获敌首计功受爵。
> （3）权使其士：用权诈之术来使用他的士人。司马贞《史记索隐》："言秦人以权诈使其战士，以奴虏使其人。言无恩以恤下。"
> （4）过而遂正于天下：《索隐》："谓以过恶而为政也。"
> （5）有：只好，只能。

进而说到秦国。**彼秦，弃礼义、上首功之国也，**秦国是个抛弃礼仪而只崇尚战功的国家。**权使其士，**用权诈之术对待士卒，**虏使其民，**像对待奴隶一样役使百姓，秦国就是这样的一个国家。**彼则肆然而为帝，**如果让它无所忌惮地恣意称帝，**过而遂正于天下，**秦称帝就是以恶而成为天下的主宰。如果真的称帝了，**则连有赴东海而死耳，**那么，我就跳进东海去死，**吾不忍为之民也，**我不能忍受自己做它的顺民！**所为见将军者，**那我所以来见将军，**欲以助赵也。**并不是为了我的个人私利，而是为了帮助赵国，而在助赵的背后，则是出于正义，出于对天下人的尊严的维护。

辛垣衍曰："先生助之奈何？"鲁连曰："吾将使梁及燕助之，齐、楚固助之矣。"辛垣衍曰："燕则吾请以从（6）**矣。若乃**（7）**梁，则吾乃梁人也，先生恶**（8）**能使梁助之耶？"鲁连曰："梁未睹秦称帝之害故也，使**（9）**梁睹秦称帝之害，则必助赵矣。"**

> **注释 ZHUSHI**
>
> （6）请以从：请允许我相信它会听从你的。请，表敬意的副词。
> （7）若乃：可译为"至于"。

战国第一人　239

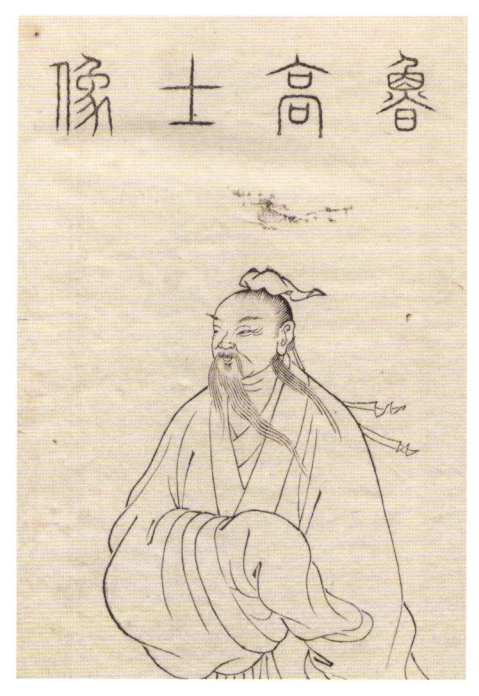

鲁仲连

（8）恶（wū）：表示反问，可译为"怎么"。

（9）使：假使，假设连词。

辛垣衍接受了这个动机，并且进一步提问：先生助之奈何？先生怎么帮助赵国呢？鲁仲连回答：吾将使梁及燕助之，齐、楚固助之矣。我要请魏国和燕国帮助它，齐、楚两国本来就帮助赵国了。这样一来就形成了五国联盟对抗秦国的局势。辛垣衍摇摇头，燕则吾请以从矣，燕国嘛，请允许我相信它会听从你的。若乃梁，至于梁国也就是魏国，则吾乃梁人也，我就是魏国人，代表魏的立场来出使的，先生恶能使梁助之耶，先生您怎么能让我魏国帮助赵国呢？您开玩笑的吗？鲁仲连说道：我像开玩笑的样子吗？你们魏国现在这样首鼠两端，是因为梁未睹秦称帝之害故也，魏国没看清秦国称帝的祸患，才没帮助赵国。使梁睹秦称帝之害，则必助赵矣，假如魏国看清秦国称帝的祸患后，就一定会帮助赵国。

来，我给你讲几个故事

辛垣衍曰："秦称帝之害将奈何？"鲁仲连曰："昔齐威王⁽¹⁾尝为仁义矣，率天下诸侯而朝周。周贫且微，诸侯莫朝，而齐独朝之。居岁余，周烈王崩⁽²⁾，诸侯皆吊，齐后往。周怒，赴⁽³⁾于齐曰：'天崩地坼，天子下席⁽⁴⁾，东藩之臣田婴齐后至，则斮⁽⁵⁾之！'"

（1）齐威王：名婴齐，齐宣王的父亲。

（2）崩：《礼记·曲礼下》："天子死曰崩，诸侯死曰薨，大夫死曰卒，士曰不禄，庶人曰死。"

（3）赴：杨伯峻《春秋左传注》："赴，今作讣，告丧也。"

（4）下席：谓离开原来的居处，睡在守孝的草席上。司马贞《史记索隐》："下席，言其寝苫居庐。"

（5）斮（zhuó）：斩杀。

辛垣衍很自然地追问道，秦称帝之害将奈何，秦国称帝后会有什么祸患呢？鲁仲连举例说明，讲了一则齐威王时期的往事，距离当下并不遥远。昔齐威王尝为仁义矣，从前，齐威王曾经奉行仁义，率天下诸侯而朝周，率领天下诸侯而朝拜周天子。但战国时的周王朝贫且微，又贫困又弱小，诸侯莫朝，而齐独朝之，诸侯们没有谁去朝拜，唯有齐国去朝拜了。居岁余，周烈王崩，这样过了一年多，周烈王过世，诸侯皆吊，齐后往，诸侯们都前去吊唁，齐王奔丧去迟了。周怒，赴于齐曰，结果新继位的周显王很生气，派人到齐国报丧并直接训斥：天崩地坼，天子下席，天子逝世，如同天崩地裂般的大事，新继位的天子也得离开宫殿居丧守孝，睡在草席上，这么重大的事情东藩之臣田婴齐后至，则斮之，你这个东方属国的臣子田婴齐居然敢迟到，该杀！直呼其名！直说该杀！这面子撕的！这脸打的！

"威王勃然怒曰：'叱嗟⁽⁶⁾！而母，婢也！'卒为（wéi）天下笑。故生则朝周，死则叱之，诚不能忍其求⁽⁷⁾也。彼天子固然⁽⁸⁾，其无足怪。"

注释 ZHUSHI

（6）叱嗟（chì jiē）：怒斥之声。

（7）求：苛求。

（8）固然：本来就是这样。天子高高在上，对下颐指气使。

威王勃然怒曰，自己一年来的恭敬朝拜换来的就是劈头盖脸的一顿斥骂，搁谁谁也受不了吧，齐威王勃然大怒，破口大骂：叱嗟！而母，婢也，呀呸！你妈原先还是个婢女呢！你这个婢女养的！卒为天下笑，这件事最终被天下传为笑柄。真是个大笑话：齐威王风度尽失固然可笑，可其中新即位的周天子的做法更令人发指、令人深思不是吗？他哪里来的那么理直气壮？谁给他的勇气？那就是：权力。鲁仲连分析道：故生则朝周，死则叱之，齐威王之所以在周天子活着的时候去朝见，死了就破口大骂，诚不能忍其求也，是实在忍受不了新任天子的苛求啊，可是彼天子固然，其无足怪。那些做天子的本来就是这个样子，也没什么值得奇怪的。这就是权力的本性与本相。

辛垣衍曰："先生独未见夫仆乎⁽⁹⁾？十人而从一人者，宁力不胜，智不若耶⁽¹⁰⁾？畏之也。"鲁仲连曰："然梁之比于秦若仆耶？"辛垣衍曰："然。"

鲁仲连曰:"然则(11)吾将使秦王烹醢(12)梁王。"辛垣衍怏然不说(13),曰:"嘻!亦太甚矣,先生之言也!先生又恶(wū)能使秦王烹醢梁王?"

注释 ZHUSHI

(9)独……乎:表示反诘,可以翻译为"难道……吗?"

(10)宁……耶:表反问,可以翻译为"难道……吗?"

(11)然则:"然"的作用在于肯定前事,确定前提;"则"的作用在于引出后文,表示推论。可译为"既然这样,那么"。

(12)醢(hǎi):本指用肉、鱼等制成的酱。也是古代的一种酷刑,即把人杀死后剁成肉酱。

(13)说(yuè):同"悦"。

可是辛垣衍却不以为然:这有什么稀奇的?先生独未见夫仆乎?先生难道没见过奴仆吗?十人而从一人者,十个奴仆侍奉一个主人,宁力不胜,智不若耶?难道是力气赶不上、才智比不上他吗?畏之也,是害怕他啊。大家注意这个"畏"字。

《古文观止》在此处的评价一针见血:"衍口中脱出一'畏'字,本怀已露。"泄露了他真正的本心本色,什么权谋衡量,什么犹豫观望,什么出兵什么外交,诠释的都不过是这个字:畏。

鲁仲连曰:"然梁之比于秦若仆耶?"当然是的。鲁仲连继续顺着推理,然则吾将使秦王烹醢梁王。既然这样,那么我就让秦王烹煮魏王、剁成肉酱。辛垣衍怏然不说,辛垣衍当然很不高兴,嘻!亦太甚矣,先生之言也!哼,先生的话,也太过分了!这是一个倒装句,表达了自己强烈的不快、不满,先生又恶能使秦王烹醢梁王,先生又怎么能让秦王烹煮魏王、剁成肉酱呢?不仅是不该这么想,而且你也做不到啊!

鲁仲连曰："固也[14]。待吾言之：昔者，鬼侯、鄂侯、文王[15]，纣之三公也。鬼侯有子[16]而好[17]，故入之于纣，纣以为恶，醢鬼侯。鄂侯争之急，辨[18]之疾，故脯[19]鄂侯。文王闻之，喟然而叹，故拘之于牖[20]里之库[21]百日，而欲令之死。曷为与人俱称帝王，卒就脯醢之地也？"

> **注释** ZHUSHI
>
> （14）固也：本来就是这样的。
>
> （15）鬼侯、鄂侯、文王：都是商纣时最高一级的诸侯。
>
> （16）子：古代兼指儿女，这里指女儿。
>
> （17）好：指女子容貌美丽。
>
> （18）辨：同"辩"，争辩。
>
> （19）脯：本义为干肉，这里指制成肉干。
>
> （20）牖（yǒu）：《史记》作"羑"。
>
> （21）库：本义是储藏战车兵甲的屋舍，这里指监狱。

鲁仲连说：当然能够，待吾言之，我说给您听。昔者，鬼侯、鄂侯、文王，纣之三公也，从前鬼侯、鄂侯、文王他们都是商纣王的三个一等诸侯。鬼侯有子而好，故入之于纣。鬼侯有个女儿长得很美，把她献给商纣王，纣以为恶，醢鬼侯，纣王认为她长得丑陋，这不是骗我呢吗！于是把鬼侯剁成肉酱。鄂侯争之急，辨之疾，故脯鄂侯。鄂侯刚直净谏，激烈辩白，商纣王又把鄂侯杀死做成肉干。文王闻之，喟然而叹，文王听到这件事，只是长长地叹了口气，故拘之于牖里之库百日，而欲令之死。纣王又不干了，就把他囚禁在牖里监牢一百天，想要他死。这三件事说明，给人家当仆从、给帝王做手下，即使做到一等公爵，也不过是任人宰割的奴才而已，人家想做肉酱做肉酱，想做肉干做肉干！所以，你们魏国、他们秦国、我们齐国、眼下赵国，大家都是诸侯，地位平等，曷为与人俱称帝王，卒就脯醢之地也？为什么你却联合大家一起让秦国称帝王，(却)最终让自己落到会被剁成肉酱、做成肉干的地步呢？

眼前的事似乎很平常，可后果往往会很恐怖，用古语说，就是"失之毫厘，谬以千里"，一步错步步错，用恩格斯的话说就是，初衷往往会被它带来的后果所炸毁。而这，就是无数次发生过、发生着的事情所验证着的，唯有智慧的人才会看到的真相。

齐闵王⁽²²⁾将之鲁，夷维⁽²³⁾子执策而从，谓鲁人曰："子将何以待吾君？"鲁人曰："吾将以十太牢⁽²⁴⁾待子之君。"夷维子曰："子安取礼而来待吾君？彼吾君者，天子也。天子巡狩⁽²⁵⁾，诸侯避舍，纳筦键⁽²⁶⁾，摄衽（rèn）抱几，视膳⁽²⁷⁾于堂下，天子已食，退而听朝⁽²⁸⁾也。"鲁人投其籥⁽²⁹⁾，不果纳，不得入于鲁。

（22）闵：同"愍"。

（23）夷维：地名。

（24）太牢：牛羊豕各一。

（25）巡狩（shòu）：巡视诸侯国。

（26）纳筦（guǎn）键：交出钥匙和锁。筦，即钥。

（27）视膳：伺候天子吃饭。"视"有照看、照顾之义。

（28）听朝：回到自己的朝庭上听政办公。

（29）投其籥（yuè）：闭关下锁。籥，即钥。

而且，你以为世上所有的人都害怕强权、匍匐在地、自甘为其奴仆吗？鲁仲连继续列举事实：

齐闵王将之鲁，齐愍王四十年，燕合五国之兵共攻齐，齐愍王逃到卫，因傲慢而激怒卫人，于是离开卫国要到鲁国去。**夷维子执策而从**，夷维子替他赶着车子作随员。**谓鲁人曰："子将何以待吾君？"** 他对鲁国官员们说："你们准备怎样接待我们国君？"鲁国人回答说：**"吾将以十太牢待子之君。"** 我们打算用于十组太牢的礼仪接待您的国君。非常隆重。没想到夷维子却非常不满：**子安取礼而来待吾君**，你们这是按照哪门子的礼仪接待我们国君？**彼吾君者，天子也**，我们国君，那是天子啊。**天子巡狩**，天子到各国巡察，按照礼仪应该是，**诸侯辟舍**，诸侯例应迁出正宫，移居别处，**纳筦键**，交出钥匙，**摄衽抱几**，撩起衣襟，亲自安排几桌，**视膳于堂下**，站在堂下伺候天子吃饭用膳。**天子已食，退而听朝也**，天子吃完后，才可以退回朝堂听政理事，你们懂不懂礼仪啊。听听！这就是天子、帝王的逻辑。

鲁人投其籥，鲁国官员听了，就关闭城门上了锁，**不果纳**，不让齐愍王入境。**不得入于鲁**，齐愍王不能进入鲁国。这就是鲁国人对强权的回答。

将之薛，假涂⁽³⁰⁾于邹。当是时，邹君死，闵王欲入吊。夷维子谓邹之孤⁽³¹⁾曰："天子吊，主人必将倍⁽³²⁾殡柩，设北面于南方⁽³³⁾，然后天子南面吊也。"邹之群臣曰："必若此，吾将伏剑⁽³⁴⁾而死。"故不敢入于邹。

（30）假涂：即借道。

（31）孤：这里指已死的邹君的儿子。

（32）倍：同"背"。

（33）设北面于南方：本来是停灵柩于西阶，丧主位于东阶，正面对着灵柩。天子来吊唁，丧主站西阶，面向北而哭。

（34）伏剑：用剑自刎。

将之薛，假涂于邹，打算前往薛地，借道于邹国。**当是时，邹君死**，正当这时，赶上邹国国君逝世，闵王欲入吊，齐愍王想入境吊丧，又派夷维子前去传话。夷维子谓邹之孤曰，夷维子对已死的邹君的儿子也就是邹国的嗣君说："天子吊，主人必将倍殡柩，天子吊丧，丧主一定要把灵柩转换方向，设北面于南方，在南面安放朝北的灵位，然后天子南面吊也，然后天子面向南吊丧。"邹之群臣曰："必若此，吾将伏剑而死。"邹国大臣们说："一定要这样，我们宁愿用剑自杀。"你以为自己是大国国君就来我们这指手画脚啊！你试试！故不敢入于邹。所以齐愍王没敢进入邹国。

邹、鲁之臣，生则不得事养，死则不得饭含⁽³⁵⁾，然且欲行天子之礼于邹、鲁之臣，不果纳。今秦万乘之国，梁亦万乘之国，俱据万乘之国，交⁽³⁶⁾有称王之名。睹其一战而胜，欲从而帝之⁽³⁷⁾，是使三晋之大臣，不如邹、鲁之仆妾也。

（35）饭（fǎn）含：亦作"饭晗"。古丧礼。饭，把米及贝放入死人口中。含，把珠玉放在死人口中。

（36）交：皆、都。

（37）帝之：尊奉之为帝。

所以我们不妨再作一层比较：邹、鲁之臣，可以说都是一些不成器的人。生则不得事养，在国君活着的时候不能好好地侍奉供养，死则不得饭含，这句话是说，邹鲁的臣子在国君死后又不能周备地举行丧仪，然且欲行天子之礼于邹、鲁之臣，想要在邹、鲁行天子之礼，不果纳，就是这样一群不成器的臣子们也会坚决拒绝齐愍王入境。今秦万乘之国，梁亦万乘之国，如今，秦国是拥有万辆战车的国家，魏国也是拥有万辆战车的国家。俱据万乘之国，你们都是万乘大国，交有称王之名，并且又都有称王的名分，睹其一战而胜，欲从而帝之，只看它打了一次胜仗，就要顺从地拥护它称帝，这是什么？是使三晋之大臣，不如邹、鲁之仆妾也，这就使得三晋的大臣比不上邹、鲁的奴仆婢妾了。

你辛垣衍不是把魏国（梁国）自比为秦国的奴仆吗？鲁仲连指出，你们还比不上邹鲁的奴仆婢妾呢。

至此，我们分析一下鲁仲连的论证层次：

首先，鲁仲连举出周朝隐士"鲍焦"，指出暴秦的本质，表明自己不是为了个人功利，而是出于公义、正义而义不帝秦的立场。

其次，以丰富的事例、史实来证明自己的观点：

一是"尊帝"的历史教训：齐王朝周反遭辱，鬼侯献子反被醢（剁成肉酱），鄂侯进谏而被脯（制成肉干），文王喟叹而被拘。

这四个事例说明不可帝秦。

二是"不尊帝"的现实范例：齐湣王曾自尊为帝，对别国提出无理要求，结果鲁人"投其籥（闭关落锁），不果纳（没有被接纳），不得入于鲁"；邹人欲"伏剑而死"来拒绝他，结果不敢入于邹。

这两个事例说明要反抗才有出路。

且秦无已⁽³⁸⁾而帝，则且变易⁽³⁹⁾诸侯之大臣，彼将夺其所谓不肖，而予其所谓贤，夺其所憎，而与其所爱；彼又将使其子女⁽⁴⁰⁾谗妾为诸侯妃姬，处梁之宫，梁王安得晏然而已乎？而将军又何以得故宠⁽⁴¹⁾乎？于是辛垣衍起，再拜谢曰：始以先生为庸人⁽⁴²⁾，吾乃今日而知先生为天下之士⁽⁴³⁾也。吾请去，不敢复言帝秦。

（38）无已：表示没有办法，如熟语"无可奈何"，即是说"没有办法能怎么样"。

（39）变易：变更。意即秦将改组他国政府。

（40）子女：偏义复词，此处专指女儿。

（41）故宠：旧时的尊荣地位。

（42）庸人：平凡的人。

（43）天下之士：天下杰出的人才。

道理也讲了，斥骂也骂了。大家看辛垣衍，似乎一点起色都没有，说明这些都没有真正地触动辛垣衍，我们看鲁仲连接下来的言辞。

且秦无已而帝，再说，如果没办法阻止秦王而让他称了帝，那么他将如何？**则且变易诸侯之大臣，**秦就会改组他国政府，更换诸侯的大臣。**彼将夺其所谓不肖，而予其所谓贤，**将要罢免他认为不肖的，换上他认为贤能的人。**夺其所憎，而与其所爱，**罢免他憎恶的，换上他所喜爱的人。**彼又将使其子女谗妾为诸侯妃姬，处梁之宫，**还要让他的女儿和搬弄是非的姬妾，嫁给诸侯做妃姬，住在魏国的宫廷里，**梁王安得晏然而已乎？**魏王怎么能够安安定定地生活呢？**而将军又何以得故宠乎？**而将军您又怎么能够维持原先的宠信呢？

我觉得这几句话真正打动了辛垣衍，为什么？变易诸侯的大臣、安插自己的亲信，辛垣衍就会失去今日的宠信、地位、权势，真正危及自己的切身利益了。

于是，辛垣衍起，再拜谢，辛垣衍站起来，向鲁仲连连拜两次谢罪，说："**始以先生为庸人，**当初认为先生是个普通的人，**吾乃今日而知先生为天下之士也，**我今天才知道先生是天下杰出的高士。**吾请去，**我将离开赵国，**不敢复言帝秦，**再不敢谈秦王称帝的事了。"

张大千《高士图》

鲁仲连缘古观今，说明尊秦为帝的危害，又以辛辣激烈的语句，刺激辛垣衍的自尊心，同时以鲁、邹不纳齐愍王的故事，嘲讽辛垣衍自比于仆妾的卑微心理，可是都不太奏效。最后，鲁仲连指出尊秦为帝对于辛垣衍的切身利益的危害，从而终于使辛垣衍主动求去，"不敢复言帝秦"。

鲁仲连是个"活雷锋"

秦将闻之，为（wèi）却军五十里。适会魏公子无忌⁽¹⁾夺晋鄙军以救赵击秦，秦军引而去。

于是平原君欲封鲁仲连，鲁仲连辞让者三，终不肯受。平原君乃置酒，酒酣，起，前，以千金为鲁连寿⁽²⁾。鲁连笑曰："所贵于天下之士者，为人排患、释难、解纷乱而无所取也。即有所取者，是商贾⁽³⁾之人也。仲连不忍为也。"遂辞平原君而去，终身不复见。

（1）魏公子无忌：就是信陵君，魏昭王的少子，安釐王的异母弟，也是战国四公子之一。

（2）为鲁连寿：祝鲁仲连长寿。

（3）商贾（gǔ）：同义词连用，为商人的统称。

我们来看大结局。

秦将闻之，为却军五十里， 秦军主将听到这个消息，为此把军队后撤了五十里。**适会魏公子无忌夺晋鄙军以救赵击秦，** 魏公子无忌，就是信陵君，他托魏王的爱姬如姬盗出兵符，假传魏王的命令夺得晋鄙军权，然后率兵去救赵。**秦军引而去，** 秦军也就撤离邯郸回去了。

于是平原君欲封鲁仲连， 于是平原君要封赏鲁仲连，**鲁仲连辞让者三，**

终不肯受，鲁仲连再三辞让，最终也不肯接受。**平原君乃置酒，**平原君就设宴招待他，**酒酣，起，前，以千金为鲁连寿，**喝到酒酣耳热时，平原君起身向前，献上千金酬谢鲁仲连，祝他健康长寿。**鲁连笑曰："所贵于天下之士者，**杰出之士之所以被天下人崇尚，**为人排患、释难、解纷乱而无所取也，**是因为他们能替人排除祸患，消释灾难，解决纠纷而不取报酬。**即有所取者，**如果收取酬劳，**是商贾之人也，**那就成了生意人的行为，**仲连不忍为也，**我鲁仲连是不忍心那样做的。"**遂辞平原君而去，**于是辞别平原君走了，**终身不复见。**终身不再相见。

诗仙李白有一首《别鲁颂》诗，是他在游历齐鲁将要离开时写下的，其中写道："谁道泰山高，下却鲁连节。谁云秦军众，摧却鲁连舌。独立天地间，清风洒兰雪。"意思是泰山虽高，但是却比不过鲁仲连的高风亮节，秦军虽众，却抵不过鲁仲连的三寸之舌。恃才傲物的李白为何对鲁仲连如此敬仰呢？为什么说鲁仲连是"战国第一人"呢？

《古文观止》的编辑者、两位吴老师说得再明白不过了："帝秦之说，不过欲纾目前之急。不知秦称帝之害，其势不如鲁连所言不止，特人未之见耳。人知连之高义，不知连之远识也。至于辞封爵，挥千金，超然远引，终身不见，正如祥麟威凤，可以偶觌（dí，相见、观察），而不可常亲也。自是战国第一人。"

你无法叫醒一个装睡的人

《左传·宫之奇谏假道》

两个成语

《宫之奇谏假道》发生在鲁僖公五年（公元前655年），当时晋国向虞国借道，攻打虢国，目的就是一石二鸟：先吃掉虢国，再捎带着消灭虞国。宫之奇劝谏虞公不要借道，虞公不听，结果也就不出预料地这么亡了国，并且在历史上留下了两个成语：假途灭虢，唇亡齿寒。

来路不正的晋献公

晋国国君也是"姬"姓，第一代国君是周武王的儿子、周成王的弟弟，但因国土在太行山以西，要立足的话就需要和当地土著的戎狄作战，同时又和他们联姻，风俗上不免受到影响。

所以晋国在对宗法制度的破坏这方面，特别地引人注目。

周宣王的时候，晋国国君是晋穆公，穆公的太子叫"仇"，后来又生了一个小儿子叫"成师"。成师获得了一块封地，叫"曲沃"，号为"曲沃桓叔"。曲沃城比晋的国都翼城还要大，一般人都能看出来，曲沃一支要取代晋国国君的意图非常明显——之前读过《郑伯克段于鄢》的读者是否感到这个情节似曾相识？这个曲沃桓叔跟共叔段的心思、做法何其相似！

但是，相似的开端，却是不同的结局。曲沃一支在之后六七十年，和翼城不断争斗，也不断壮大，到曲沃桓叔的儿子曲沃庄公，再到孙子曲沃武公，经过三代人的不懈努力，他们终于杀死了当时合法的晋国国君晋缗公，并用贿赂的手段取得周天子的认定证书，摇身一变，从"曲沃武公"成为了晋武公，一年后，晋武公的儿子即位，这就是鼎鼎大名的晋献公。

晋献公做了国君后，首先对自己生活在曲沃的叔伯兄弟们不放心了，于是对曲沃一支"桓庄之族"的其他成员挥起了屠刀——发现没，这个桥段很像宋太祖"黄袍加身"篡位后的"杯酒释兵权"，只不过更加残忍，因为晋献公几乎把自己的兄弟们都杀光了，"尽戮群公子"。

晋献公在位期间，正是齐桓公霸业兴盛之时。这不可能不对雄心和野心勃勃的晋献公产生影响，可当时晋国太小了，也太让人看不起了，所以，他开始了大规模的扩张事业。晋献公在位二十六年间（公元前677—前651年）"并国十七，服国三十八"，疆域扩展了百余倍，基本形成了晋国后来的领土格局，为晋国的后世君主逐鹿中原奠定了坚实的基础。终于在二十年后的晋文公时期，晋国成为中原霸主，并将这个霸业维系了百余年。

"假途灭虢"就发生在晋国急剧扩张的过程中。

"虞""晋""虢"三国演义

其实，"宫之奇谏假道"之前，晋已经向"虞"借道讨伐过一次虢国了。那是在晋献公十九年（公元前658年）的时候。

晋献公这么跟虢国过不去是有原因的。

春秋初年，虢国还很强大，虢公林父担任周王室的卿士，当年的晋国还是个很小的"偏侯"，而且"僻处山戎，不与诸姬等齿"，中原各国都看不上他。虢公林父曾多次奉王命干预晋国来自曲沃的内乱，与曲沃方面，也就是后来的晋献公一系结下了很深的仇怨。

战国时期人物御龙帛画

而且,虢国的两座最重要的城市下阳和上阳,是夹黄河两岸的两座军事要塞,这就使得虢国仿佛一把大锁一样控制着黄河交通。虢国重要的军事地理位置,早就招致了急速扩张的晋国的觊觎。

但问题是,虞国地处黄河北岸,在虢国和晋国之间。此时晋国强大,而虞、虢弱小,明显他们联合起来才更有生存机会,所以虞国怎么就同意让晋国大军过境去打虢国呢?

理由很让人泄气:因为虞国收受了晋的贿赂。

这一点，《谷梁传》上的记载更详细。

> 晋献公欲伐虢，荀息曰："君何不以屈产之乘、垂棘之璧，而借道乎虞也？"公曰："此晋国之宝也。如受吾币而不借吾道，则如之何？"荀息曰："此小国之所以事大国也。彼不借吾道，必不敢受吾币。如受吾币，而借吾道，则是我取之中府而藏之外府，取之中厩而置之外厩也。"

行贿的策略是晋献公的大臣荀息提出来的。他提议晋献公用屈地所产的宝马、垂棘所出产的宝玉做礼物，向虞公借路。

可晋献公不免担心：万一虞国拿了我的宝贝，不把路借给晋国用，那不是吃亏了吗？荀息一句话就道破："此小国之所以事大国也。"虞国是小国，晋国是大国，小国接受了大国的礼物，又怎么会不为大国做事呢？不借路给咱们，他还敢接受咱们的礼物吗？接受了咱们的礼物，路就必须借给咱们用。

注意下面荀息的话："则是我取之中府而藏之外府。"其实，给虞公送礼那个宝玉就是我们从里面的库藏里拿出来，而藏在外面的库藏里，那些骏马就是"取之中厩而置之外厩也"，从里面的马房里牵出来，而放在外面的马房里。言外之意就是：晋国本来就打算灭亡虢国之后，回程中顺手就把虞国给灭了，那原本作为礼物而送给虞公的宝马和宝玉，不就又被晋献公给收回了吗？

> 公曰："宫之奇存焉，必不使受之也。"荀息曰："宫之奇之为人也，达心而懦，又少长于君。达心则其言略，懦则不能强谏，少（稍）长于君，则君轻之。且夫玩好在耳目之前，而患在一国之后，此中知以上乃能虑之。臣料虞君，中知以下也。"公遂借道而伐虢。

然而，这个计策是否成功，还有一个环节也挺重要的，就是《宫之奇谏假道》中的关键人物宫之奇。显然，宫之奇是一个聪明人，虽然他是小国虞国的大臣，但在国际上名气很响，连大国国君晋献公都忌惮他，说："宫之奇存焉，必不使受之也。"很担心宫之奇看穿晋国的计策，并说服虞公不借路给晋国。

这个问题，荀息也考虑到了。他一点都不担心被宫之奇看穿，因为他知道宫之奇一定说服不了虞公。荀息给晋献公分析了虞公与宫之奇这对君臣之间的关系，宫之奇为人明于事理，可是性情却怯懦，同时呢，他又比虞君大不了几岁。这两点决定了宫之奇"达心则其言略，懦则不能强谏"，能一眼看明白事理的高智商人士说话往往言简意赅，点到为止；性格怯懦就不可能强谏，一旦自己的话得不到采纳，也不会据理力争。兼之他比国君大不了几岁，虞君不会给予他足够的尊重。

"且夫玩好在耳目之前，而患在一国之后，此中知以上乃能虑之。"珍玩心爱的东西就在耳目之前，而灾祸呢，还在我们灭虢国之后才会发生，这么长远的事情要有中等智力以上的人才能考虑到。我判断虞国国君的智商也就中等偏下吧。"中知以下"，说白了就是：虞国的国君智商堪忧，约等于白痴。

还的确被他说中了，第一次"假道伐虢"的时候，虞公真的就不听宫之奇劝谏，不单借了道，还和晋国一起出兵伐虢国，灭了人家下阳。

三年后，即公元前655年，晋国再次向虞国提出了"假道"的要求。

 "唇亡齿寒"啊！

晋侯复假道于虞以伐虢⁽¹⁾。宫之奇⁽²⁾谏曰："虢，虞之表⁽³⁾也；虢亡，虞必从之。晋不可启，寇不可翫。一之为甚，其可再乎⁽⁴⁾？谚所谓'辅车相依，唇亡齿寒'者，其虞虢之谓也。"

（1）二年，虞师、晋师伐虢，灭下阳。至是又假道以伐虢。

（2）宫之奇：虞国的贤大夫。

（3）表：外围防护。言虢为虞之外护。

（4）翫（wán）：玩，狎。晋不可启，故一为甚，寇不可玩，故不可再也。

公元前655年，晋侯又向虞国借路去攻打虢国。宫之奇再次劝阻虞公。说，主公啊，您再看看我们虞国虢国两国的地理特点，"虢，虞之表也"，虢国是我们虞国的"表"，就是外部防护，相当于我们的屏障，虢国灭亡了，我们也必然不能独存，必然跟着一块儿死。

晋国的野心太大了，您可不能让他一再膨胀，关键是您要看清楚啊，晋国就是狼子野心的侵略者，您怎能选择与狼共舞呢？您让晋国军队走了一次还不够，难道还要来第二次吗？您可别养寇为患啊！

"'辅车相依，唇亡齿寒'者，其虞虢之谓也。""辅"是车厢两旁之版，古代车厢仅两旁有版（前面有扶手的"轼"，后面是空的，人从后面上下），辅依车、车也依辅。后意思引申为，人的两颊称为口辅，"颊之与辅，口旁肌之名也"。车则指牙车（牙床）。"辅为外表，车是内骨，故云相依也。"宫之奇说话真是言简意赅，"唇亡齿寒"是流传到现在的成语，他当时的意思是说，虞国如同在里面的牙齿；虢国就如同口辅，像在外面的面颊嘴唇。虢国存在，那是"辅车相依"；虢国灭亡，那就是"唇亡齿寒"。

我的亲戚怎么会害我呢？

公曰："晋，吾宗⁽¹⁾也，岂害我哉？"对曰："大伯、虞仲，大王之昭也；大伯不从，是以不嗣⁽²⁾。虢仲、虢叔，王季之穆也；为文王卿士，勋⁽³⁾在王室,藏于盟府⁽⁴⁾。将虢是灭,何爱于虞?且虞能亲于桓庄乎?其爱之也,桓、庄之族何罪?而以为戮,不唯逼⁽⁵⁾乎?亲以宠逼,犹尚害之,况以国乎?"

注释 ZHUSHI

（1）吾宗：晋、虞皆姬姓，故曰"吾宗"。

（2）虞仲：仲雍。大伯、虞仲皆周太王之子。

（3）勋：王功为勋。

（4）盟府：司盟之官。《周礼》："司盟掌盟载之法，会同则掌其盟约之载。"

（5）逼：亲近。

可是，虞公反应很平淡："晋，吾宗也，岂害我哉?"晋国会灭我？怎么可能呢。我们晋、虞两国都姓姬，是"同宗"啊。

论到亲戚了，下面明显感觉宫之奇耐着性子：好吧，论亲戚的话我就从头给您论一下。

大伯虞仲，大王之昭也。这里的"大"，后来都写作"太"或"泰"。

宫之奇提到了"昭穆制度"：始祖这一代往下，单数的下一代（第一、三、五、七代）叫作"昭"，双数的下一代（第二、四、六、八代）叫作"穆"。一大家子人在一起时，"昭"辈的在左，"穆"辈的在右。活人如此，死人也如此。墓葬的格局也是始祖的坟头在中间，一、三、五、七辈在左，二、四、六、八辈在右。

周人的先祖后稷，往下数十二代是太王，太王自己是双数"穆"，他的儿子是"昭"，所以叫"太王之昭"，他们除了即位的季历（周文王姬昌的爸爸）之外，还有泰伯和（仲雍）虞仲。其中虞仲就是虞国的始祖。

当年，按惯例王位都传给长子，作为长子的泰伯是理所当然的接班人。

但他知道父亲周太王有意把王位先传给小儿子季历,尔后再传孙子姬昌。泰伯为避免同室操戈,更是为了成全父亲的意愿,就偕同二弟仲雍(虞仲)离开了故土,奔波到遥远的江南地区,并且断发纹身,成了吴越的先祖。这就是"大伯不从,是以不嗣",太伯没有听从天命,因此没有继承王位。

再往下,季历的儿子周文王的儿子们又是"穆",统称为"王季之穆",其中周文王承继大位,而他的兄弟虢仲,就是虢国的始祖。而晋国从始祖"唐叔虞"算起,当然是周文王、周武王这一系的。

宫之奇的意思是,你说你和晋国是同姓所以他不会灭你,那请你算算,你和虢国,哪个和晋国更亲近些?往上数到王季(周文王爸爸)那辈,他们是兄弟,而我们虞国呢,得数到太王(周文王的爷爷)那辈才可以。

而且虢国与晋国还不止亲戚那么简单,虢国是有功勋的:

当初虢公林父是文王的执掌国政的大臣,在王室中有功劳,他因功受封、文王与为盟誓的典策还藏在盟府中。人家说亲戚是亲戚、要功勋有功勋,您再算算,虢是不是更亲于虞?

况且要讲亲情的话,咱们虞国还亲得过晋献公出身的曲沃"桓庄"一系吗?那是他真正的同祖兄弟吧,那么桓庄一族又是因为什么罪过而被杀害?还不是因为近亲对自己有威胁才这样做的吗?史书记载当时晋献公为加强权势,"尽戮诸公子"。近亲的势力威胁到自己,还不是说杀就杀,更何况血亲早已冲淡了的国家呢?他跟咱虞国有什么好客气的?

额滴神会保佑额

公曰:"吾享祀丰洁,神必据⁽¹⁾我。"对曰:"臣闻之,鬼神非人实亲,惟德是依⁽²⁾。故《周书》曰:'皇天无亲,惟德是辅。'又曰:'黍稷非馨⁽³⁾,明德惟馨。'又曰:'民不易物,惟德繄(yī)物。'如是,则非德,民不和,神不享矣。神所冯⁽⁴⁾依，将在德矣。若晋取虞，而明德以荐馨香，神其吐之乎⁽⁵⁾？"

注释 ZHUSHI

（1）据：保守。言虞有神佑，晋虽欲害而不能。

（2）言鬼神非实亲近乎人，而只会亲近有德行的人。

（3）馨：香气。

（4）冯：凭。

（5）吐：不食其所祭也。言虞国社稷山川之神，亦享晋明德之祀，所谓"非人实亲，惟德是依"。

宫之奇论证严密、言语有力，无奈虞公吃了别人的嘴软，一个劲儿地为自己解围，就是要替晋国说话："哎呀，你怎么这么麻烦。你看我祭祀神明的时候，奉献的祭品又丰盛又干净，我这么诚心，神仙会保佑我的。"

感觉宫之奇都快被气死了：好吧，既然你信鬼神，那你也知道，上天和鬼神都不会因为自己的私心去亲近谁的，他们只会"惟德是依"，去亲近、辅助有德行的人。

《周书》上说"皇天无亲，惟德是辅"，上天对人没有亲疏之分，只保佑有德的人。"黍稷非馨，明德惟馨"，你献上的那些黍稷等祭品再好，对他们来说都不够香甜，只有美德对他们来说才是真正芳香的。所有人祭祀上天的祭品都没有多大的区别，有区别的只有人的德行，这才是神明真正依从的关键。如果没有德行、百姓不和，天上的神明都不会来你家享用你的祭品的，你的祭品再好有啥用啊！假如晋国占领了虞国，然后再修整自己的德行，再把芳香的祭品献给神明，神明难道会吐出来吗？

宫之奇都快被虞公气得原地爆炸了，可这些话听在虞公耳朵里，不过就是碎碎念，最后他还是同意了晋国的请求。

虞公怎么就这么傻呢?他真的是因为他说的亲戚的理由、神灵保佑的理由而借道给晋国的吗?不是的。其实真正的原因是晋国的那两样贿赂:宝玉和骏马。所以,他跟宫之奇说的理由并不是他内心真正的理由,他振振有词的其实并不是他真正相信的,所以你看,宫之奇论述得再严密、措辞再犀利也没用,对方早已利令智昏,早已打定主意让晋"假途灭虢"。晋国的荀息说得一点不错,虞公的智商真的就是"中知以下"。真的应了荀息的判断:"玩好在耳目之前,而患在一国之后。"虞公目光就是这么短浅,区区贿赂就填满了他的整个精神、全部眼界。

这样一个人,用他全部的心智和最后的命运,证明了一句话:你无法叫醒一个装睡的人。

04 就这么简单地亡国了

弗听,许晋使。宫之奇以其族行,曰:"虞不腊矣。在此行也⁽²⁾,晋不更举矣。"冬,晋灭虢。师还,馆于虞,遂袭虞,灭之,执虞公。

(1)宫之奇以其族行:宫之奇恐惧祸及,携其妻子奔曹。
(2)腊:岁终之祭众神。这里是说虞不能及岁终腊祭,就将灭亡。

虞公不听从宫之奇的劝阻,答应了晋国使者借路的要求。宫之奇只能无奈地摇摇头,回家之后马上吩咐他的族人收拾细软逃跑,说:"虞不腊矣。"虞国大概是撑不到过年了。"腊",是年终大祭名,现在年底的月份叫作"腊月"。晋国只需这一次行动,就可以灭掉虞、虢两国,都不必再一次出兵。

果然,就悲剧了。

冬，晋灭虢。冬天，晋灭掉虢国，虢公丑仓皇逃奔京师（今洛阳）。晋军回师，安营驻扎在虞国，趁机袭击虞国，灭掉了虞国，俘虏了虞公及一众大夫。其中有一个大夫名叫百里奚，后来献公女儿穆姬嫁给秦国的秦穆公的时候，他作为陪嫁媵臣被送到了秦国，有了"百里奚举于市"的故事，成为助秦穆公独霸西戎的得力贤臣。当然这是后话。

《谷梁传》记载了一个精彩的结尾：荀息取回了宝玉，并把之前贿赂虞国的马牵到献公面前，献公笑着说：宝玉还是我的宝玉，就是马老了一些。

这个故事广为人知，除了"假途伐虢""唇亡齿寒"这两个成语外，如果结合当时"争霸"的背景来看，还有哪些值得注意的地方？

我想，至少有两点：

第一，如果不把虞国国君当白痴，那么他那一番关于"同姓同宗"的言论应该可以这样推论：就是当时吞灭同姓国家的事情还不多，晋国之前，很少有哪个国家干得出来。

第二，这一仗之后，晋国吞并了虢国的土地。就是今天的三门峡一带，这里地势十分险要，是东西方交通的孔道。后来的殽之战，晋国消灭了大量秦军，生擒秦军三帅，就是在这个地方。春秋时晋国基本能压着秦国打，靠的也是这块地方。